以终为始的
人生智慧

关于金钱、工作
和幸福生活的实用建议

Taking Stock：A Hospice Doctor's Advice on
Financial Independence, Building Wealth,
and Living a Regret-Free Life

［美］乔丹·格鲁梅特（Jordan Grumet） 著
万灵芝 译

中信出版集团 | 北京

图书在版编目（CIP）数据

以终为始的人生智慧/（美）乔丹·格鲁梅特著；
万灵芝译. -- 北京：中信出版社，2023.10（2023.12重印）
书名原文：Taking Stock: A Hospice Doctor's
Advice on Financial Independence, Building Wealth,
and Living a Regret-Free Life
ISBN 978-7-5217-5905-1

Ⅰ.①以… Ⅱ.①乔… ②万… Ⅲ.①私人投资－通
俗读物 Ⅳ.① F830.59-49

中国国家版本馆 CIP 数据核字 (2023) 第 153468 号

以终为始的人生智慧
著者： ［美］乔丹·格鲁梅特
译者： 万灵芝
出版发行：中信出版集团股份有限公司
（北京市朝阳区东三环北路 27 号嘉铭中心 邮编 100020）
承印者： 北京通州皇家印刷厂

开本：787mm×1092mm 1/16 印张：16 字数：137 千字
版次：2023 年 10 月第 1 版 印次：2023 年 12 月第 2 次印刷
京权图字：01-2023-4114 书号：ISBN 978-7-5217-5905-1
定价：69.00 元

致哈里特、艾伦和杰拉尔德

不是每个人都能幸运地拥有三位伟大的父母

　　乔丹·格鲁梅特发现了"财务自由，提早退休"（FIRE）的秘密钥匙。这个秘密钥匙与金钱无关，与退休无关，与不用工作无关。虽然一定与时间有关，但这不是时间早晚的问题。

　　2019 年夏天我与乔丹结识，当时他邀请我参加他的"赚钱与投资"播客。我勉强答应了。虽然我喜欢与"财务自由，提早退休"有关的播客和网络博主，但我对他们热衷通过投资积累财富这个话题几乎没有什么可说的。我对环境和社会价值观有很多话要说，这似乎与他们的主题无关。但乔丹不同，他的播客会谈论公平和特权。

　　当他问我能否为他的书作序时，我欣然答应了。

　　乔丹的书讲述了一个有勇气的人挣脱主流"谋生"思维，选择成为临终关怀医生，与患者一起感悟生与死。

　　在书中他应用并教授了"财务自由，提早退休"运动的方法，但这不仅是一本关于如何实现财务自由和提早退休的书。

财务

当谈到财务抉择时，乔丹认为，用金钱满足我们对爱、目标、个人成长、内省和事业等方面的需求是一种糟糕的方式。事实证明，满足这些非物质需求决定了我们的生活能变得多么深刻和令人满意。虽然乔丹的医生职业让他在财务上"成功"，但他一直是一个"贫穷"的人，直到他关闭了自己的诊所，专注于工作中最有意义的部分：在临终患者生命最后的日子，为他们提供疗养服务。他明智地管理自己的钱，并分享自己如何把钱用于实现自我价值和获得真正的幸福。

自由

"甩开没有前途的工作"，获得自由的梦想，是非常有吸引力的。这就是大多数人想要实现"财务自由，提早退休"的原因。然而，离开一份折磨你的工作并不能让你自由。它只是给你空闲时间，更重要的是你必须弄清楚如何充实这些时间。在时间这块空画布上下笔前，你需要问自己：什么才是真正值得我付出时间和精力的？作为临终关怀医生的乔丹为那些时日不多的人服务时，每天都会考虑这些问题：我该如何生活？我该把我的财富保管在哪里？当我躺在病床上，挣扎着呼吸时，什么会让我觉得我的一生过得很好？这些问题与遗愿清单、瑜伽课程或目的地无关。相反，这些问题与内省、谦卑和关心他人有关。

退休

退休是工业化的产物。我们已经成为一台机器上的齿轮，当一天结束时，坏的"齿轮"比好的多。乔·多明格斯（Joe Dominguez）和我一起合著了《要钱还是要生活》（*Your Money or Your Life*）。他曾经说过："人们不是向生。如果他们是，他们在一天结束时会更有活力。但他们没有活力，他们正在奄奄一息。"我们的书以及"财务自由，提早退休"的践行者们，展示了一种纪律，忠诚地遵循这种纪律，可以摆脱这种磨难。

佛教经济学认为工作有三个目的：

- 满足你的物质需求。
- 培养品格。
- 为社会做贡献。

我们是社会性动物，而不仅仅是自我完善的个体。我们希望有所贡献。我们的工作可能会从赚钱转变为公益行动、志愿服务、艺术创作、发明、新职业或帮助他人，但我们仍然在工作，工作使我们变得完整。我们想象的退休生活是休闲的，打打高尔夫球，开着房车旅游，或者照顾孙子孙女。所有这些活动都很有趣，但要适度，不能过度沉迷。我们希望自己做不仅对我们自己，而且对他人也有益的事情。

诺贝尔经济学奖获得者阿马蒂亚·森（Amartya Sen）说："贫穷不仅是缺钱，还是没有能力实现一个人作为人的全部潜力。"

自由不是为所欲为的权利，而是做你所珍视的事业。

乔丹在财务自由时的生活并没有真正的快乐，于是他将他的生命能量重新投入点亮他心灵和灵魂的事情上。

对我来说，这种重新投入是在我实现财务自由几年后，那时我了解到"超载和崩溃"的生态原则：任何拥有充足食物来源且没有捕食者的物种都会由于数量增加而没有足够的食物来支持该物种的规模，最终走向灭绝。大概50年前，我就清楚地看到人类正走向这样的崩溃，因此我很荣幸能够利用我的自由权利，通过创作、组织活动、志愿工作、演讲来影响他人，尽我所能使人类发展得更好。每分钟都是挑战、发展和成长，让我的人生变得完整。没有一分钟是为了赚钱，因为我从谨慎投资中获得的收入足以支撑我的生活。

提早

来谈一谈"提早"。人生不是一场通往终点线的比赛。它不是比赛，没有金牌。将你的生命能量引导到你最珍视的，能给你带来最深切的快乐的事情上就是胜利。我认为，要求"提早"是美国白日梦、高科技、求胜、竞争和卓越文化的产物。美国是一个移民国家，移民者为了逃离等级制度、饥荒、大屠杀和战争而背井离乡。美国也是一些人的自由建立在剥夺他人自由基础上的国家。自由是行动的自由，但我们不能摆脱我们的行为带来的好的或坏的结果。我看着乔丹从他过去不喜欢的生活中逐渐成熟起来，他已经意识到"没有人是一座与世隔绝的孤岛"。

在一些追求"财务自由，提早退休"的人看来，乔丹为了获得人生意义而提早退休，牺牲收入为临终患者服务的决定是毫无意义的。他们认为：乔丹应该抓紧时间尽可能地赚钱，把寻找人生意义留给退休后的生活，然后他就能获得他想要的人生意义。不过，乔丹的决定以及其他提早退休人士的转变，引发了关于"财务自由，提早退休"与公平、对资本主义的不满、特权、怜悯、慷慨和共同利益之间关系的讨论。

"财务自由，提早退休"的定义不断发展。目前有"胖财务自由，提早退休"（被动收入等于你收入最高的一年）、"瘦财务自由，提早退休"（被动收入等于你节俭生活所需的支出）、"副业式财务自由，提早退休"（退休时有被动收入和兼职工作收入）和"平稳滑行财务自由，提早退休"（放慢速度，适度工作，适当赚钱，通过投资让钱自己增长到足以支撑退休）。

也许读完这本书后，你对"财务自由，提早退休"的定义会转化为"财务正直""荣誉退休"，或者"以同理心回应""实现启蒙""拯救地球""恢复公平""永远反思"。

乔丹对工作进行筛选后，人生目标唾手可得。

维姬·罗宾（Vicki Robin），《要钱还是要生活》的作者之一

2021 年 10 月

* * *

我在这本书中分享的故事均来源于我接触的临终患者的经历。为了保护患者的隐私，我更改了一些身份信息，并打乱了故事情节。

乔丹·格鲁梅特

目录

第一部分
对金钱、工作与财务自由的误解

第 2 章
工作不因退休而停止 / 041

第 3 章
"做减法"的艺术 / 067

第二部分
财务自由之路不止一条

第 4 章
三兄弟的寓言 / 093

第 5 章
梳理你的财务状况 / 127

第 6 章
是时候与家人谈谈钱了 / 155

第三部分
临终患者唯一希望的是
拥有更多的时间

第 7 章
时间感知套利 / 173

第一部分

对金钱、工作与
财务自由的误解

引言

在我 7 岁的时候，我的父亲突然去世了，没有任何征兆。关于那天我记忆犹新：校长办公室的荧光灯，等待母亲的我，母亲的朋友诺埃尔到达学校时脸上的表情，母亲微弱的话语。那天起我的生活就此改变了。

"父亲走了。"

我仍记得当时我无法接受他的离去。我那个时候还是个崇拜父亲的男孩，我会学他走路的样子，我会模仿他的面部表情和话语。这个年轻的父亲，这个医生，这个超级英雄怎么会突然有一天消失，不复存在，扔下他的妻子和三个儿子？

在接下来的几周里，我一遍又一遍地问自己："他为什么会离开？"像大多数那个年纪的孩子一样，我以相当自我的视角来解释周围发生的事情。所以我怀疑父亲的离去是因为我，因为我不够好，不够聪明，不够可爱。

几个月后，我所有的困惑在一个梦里得到了答案。梦里我穿着父亲的白大褂，戴着听诊器，镇静地帮助那些需要帮助的人，而护士和患者慌乱地从我身边走过。梦里的我感觉很好，很满足，因为我能够胜任父亲的职业。

我们会把生活里发生的故事诠释得可以接受，或更好，或神奇，或神秘。最后我想到了一个有意义的诠释——我将像我父亲一样成为一名医生。于是我说服自己，追随父亲的步伐，弥补父亲离去带来的错误，因为我也有责任。

这个梦对我来说意义深远。它帮助我克服了威胁我学习能力的阅读短板，帮助我度过了没有亲密友谊的童年，帮助我挺过体育比赛的失利，甚至是亲密关系中的挫折。它促使我投入学习，而其他人则在舒服地玩耍、看电视。这不是我是否会成为一名医生的问题，而是什么时候成为医生的问题。

当我上大学时，我已经成为自己一直想成为的学生。我可以静下心来看几个小时的书，吸收最困难和最具挑战性的知识。我攻读学士学位，确信它会是我迅速进入医学院的敲门砖，并最终帮助我成为住院医师。我正在实现我的梦想，或者至少，正在思考我的梦想如何实现。

然而，很快我就不得不承认：梦想和现实不是一回事。1999年，在华盛顿大学内科住院医师项目的第一天工作让我走进了现实。在当天快结束时，住院医师主任将我介绍给一位工作三年的住院医师，准备将他的患者交给我。

主任对我说："这是约翰，由你接替他。他不能再受伤了。"

我很困惑。不能再受伤了？这到底是什么意思？谁在伤害他？我花了一年时间才明白那句话是什么意思：在重症监护室工作会对心理不断地产生冲击。面对医学职业激烈的晋升制度，面对不是所有患者都能挽救的残酷现实，我很痛苦，只能麻痹自己来对抗失眠。我学会了如何埋藏恐惧、悲伤等情绪，以至于几乎感受不到这些情绪的存在。

几乎感受不到。

2004年10月25日，我的儿子出生了。没有他，我可能会继续在医生这条职业道路上"自动驾驶"。那天在产房我把他抱在怀里的一瞬间，我精心建造的心墙坍塌了。我不能再封闭自己的情感，因为心墙也会阻碍我感受儿子、妻子以及其他任何人带给我的爱意和喜悦。我开始接受死亡，接受我的父亲、我的患者的逝去，甚至也能接受自己的离世。生命的消失就跟我怀里扭动的新生命的出生一样。

我如获新生般返回医院工作，尝试着和我的患者一起欢笑和悲伤。我不再试图逃避当医生的所有痛苦，而是选择拥抱它们。在这个过程中，我学习到的一些东西将彻底改变我对多年前那个梦的理解。

在医学院毕业后不久的一个阳光明媚的春日，我正在帮母亲整理阁楼上一堆早已被遗忘的盒子。我突然发现了几份父亲实习时期的旧笔记本，它们一直被母亲保存到现在。当我认真阅读他的笔记本时，我能感觉到父亲对纸页上这些知识的热爱与兴趣。笔记里的图表经过精心摘录和标记，一丝不苟，他对科学有着与生俱来的热爱，而我此前对此一无所知。

对我来说，我热爱的是人和人际关系。我最快乐的时刻是当我能够按照"医生"一词的拉丁语含义对我的患者进行"教导"（docere）时，当我解释人体的奥秘和人体为何变化无常，以及为什么会衰落时，我处于最佳状态。

但是，成为一名医生是我实现目标的唯一途径吗？

这个问题把我吓坏了。在花了这么多年的时间努力成为医生并从医之后，却得出成为医生是不明智的选择的结论，这让我备受打击。然而事实上，我过去一直想尽一切办法来逃避这个结论。

我辞去了在医疗集团的工作，开办了自己的诊所，因为我认为自己做主是我所缺乏的。这一举动暂时缓解了我的不安，但没过多久，我就意识到我不再喜欢在固定的地点看病了。我的下一个解决方案是离开办公室，开始上门看病，为患者提供上门医疗服务。

虽然这种看病模式高效且收入颇丰，但几年后，烦恼还是找上门了。这种模式让我精疲力竭，一点都不快乐。因为睡眠太少，工作太多，剥夺了我当医生的快乐。我不知道该怎么继续我的职业生涯，也不知道我的生活应该往哪走。

十分凑巧的是，就在这个时候，一位医生作者通过我的医学博客联系到我，让我评审他的财务书籍。我一口气读完了他的书，这本书介绍了财务自由的概念，并将一些我以前未能联系在一起的经济概念联系起来。我不知道还有这样一群人，即"财务自由，提早退休"践行者，帮助像我这样的人学习计算在不工作的情况下需要多少钱才能生活下去。

在我做了计算之后，我发现我已经实现了财务自由。由于父母为我从小树立的良好财务习惯，我攒了足够的钱来养活自己，而不必担心我靠什么谋生。就像我读到的那些追求"财务自由，提早退休"的人一样，我遵循了节俭、储蓄和明智投资的原则。我拥有房产以及蓬勃发展的生意。我已经有足够的钱了，也有支撑提早退休的收入来源。

"财务自由，提早退休"概念的另一面意外地让我很难过：这些金融专家告诉我，实现财务自由后，我的时间可以只用在做最符合我真正愿望的活动上。

但……我真正的愿望是什么呢？

这本该是我一生中最幸福的时刻之一，但设想放弃医生职业的喜悦很快就被悲伤和不安所取代。我与父亲的最后一丝联系消失了，我感到悲伤，并担心自己有可能完全不知道内心真正的愿望是什么。

我只知道我并没有真正体验到我父亲对医学专业那种发自内心的热爱，我知道我不想再活在他去世的痛苦和失落里，我也知道我不想像他一样英年早逝。

但这至少是一个开始。这些年来，有些想法占据了我的大脑，驱动了我的许多行为，导致我无法发现自己内心深处的呼唤。所以一想到我到底想如何度过自己的时间，希望在这个世界上留下什么遗产时，我什么也不知道。

我知道我需要更深入地思考这些问题。随着我的孩子们一天天长大，我愈发感受到寻找这些问题的答案带来的紧迫感。我希望他们像我崇拜我的父亲一样以我为榜样。我想确保将来无论发生什么，他们都能拥有必需的生存保障。我永远不会忘记，我的医学生涯和中年转型的部分资金支持来自父亲的人寿保险单，而我的家人永远不会想要这样的保单赔付。即使金钱是力量的一种形式，但它也带来无法预估的可能性。我们该如何调和这些经常相互矛盾的现实？

我知道仅仅给我的家人留下一笔丰厚的遗产是不够的。如果你失去过至亲，你就会明白，我愿意用我所有读大学的钱来换取和我父亲多待一会儿的时间。

在接下来的几年里，我开始一砖一瓦地重建我的身份意识。我首先问自己一些难以回答的问题。我除了是医生还是谁？是什么让我的生活感觉有目的？什么是"足够"的人生，以及金钱在其中扮演了什么角色？即使没有报酬，我最想做的事是什么？我什么时候最平静？什么时候最自我？除此之外，同样重要的问题是，在我死之前，我想在这个世界上完成什么？是什么阻止了现在的我付诸行动？

当我开始思考这些问题的答案时，我能够剥离医生职业中不再适合我的部分工作。我放弃了上门治疗工作，花更多的时间做一件事，这件事仍然能让我获得与当医生一样的存在感和幸福感，那就是临终关怀。

显然，这项工作与我幼年丧父的经历密切相关，但我再也不是那个穿着一件过大的白大褂去扮演父亲的男孩了。我觉得临终关怀这份工作特别适合我，是无论报酬多少，我都愿意做的工作。

这项工作也为我迅速发展的"第二职业"——金融专家积累了经验信息。这是我从未真正计划过的职业道路，但当我开始谈论和描述我最热衷的事情时，这条道路就自然而然地出现了。在照顾临终患者，与他们的家人接触的过程中，我找到了许多多年来一直在努力解决的问题的答案，这些问题包括将我自己的目标和梦想与父亲的目标和梦想区分开来，以及理解金钱在我生活中扮演的角色。实际上，随着我接触的患者越多，我就越清楚地看到这些临终患者在金钱和生命方面带给我的启发和教导。

我们经常听到"我们从出生的那一刻起就在走向死亡"，对这种陈词滥调习以为常。但是，这些隐藏在我们思想和行为表面之下的认知，是否以一种我们从未察觉的方式影响我们的决策？失去父亲和对自己有限生命的焦虑确实驱使我一生的大部分时间都在不断向前，然而我花了几十年才意识到，当谈及自己的故事，谈及自己的身份、使命和安全感时，我对死亡的恐惧感才是最主要的。

也许你有自己的解释，帮助你理解生命的不确定性和死亡的必然性。你如何向自己解释你为什么要做现在的工作？你如何度过你的"自由时间"？金钱对你来说意味着什么或者不意味着什么？

这些经历是否影响了你为自己和家人花钱的方式？是否影响了你每周工作多少小时，以及你允许自己在多大程度上沉迷于自己的爱好或热爱事物？这些经历是否与早期的失去或创伤有关？如果是这样，是否有必要更深入地研究这些经历？

我接诊的每个患者都有自己的故事。但是，当一个人被诊断出绝症，对死亡的恐惧从可能变成确定时，有一件不同寻常的事情会经常发生：那些关于身份、工作和金钱的保护通常会瓦解，让一个人非常清楚自己是谁，自己爱什么，以及什么才是真正重要的。

这并不意味着对患者、他们的亲人或他们的护理人员来说，临终关怀是容易的。而我观察到的是，对很多人来说，死亡既是惩罚也是解脱。当死亡变得确定时，就像脖子上的钳子被松开了，关注点从对失去的恐惧转移到仍然可以获得和体验上。

这时，人们通常第一次关注自己内心的真实愿望。

当我告诉我的一位慢性病患者山姆，他的生命要结束，我已无能为力时，他停顿了一会儿，说："医生，我没有时间实现自己的愿望了！"

说完他突然大笑起来，他的女朋友却控制不住地流下眼泪，再也挤不出笑容来。

这不是我对山姆唯一美好的记忆。诊断结果一出来，他就发生了一些变化。他不再整天担忧自己是否会死，诊断结果没有给他担忧的机会。

没有多少时间可以浪费了。在他的一生中，他一直在推迟自己内心想要看世界的愿望。他总是找借口回避他"可笑"的愿望和梦想。现在，他不再需要谨慎行事。接下来的几个月里，当我打电话给山姆预约上门医疗服务时，他很少在家。

有一次我打电话，他的女儿告诉我："他去新奥尔良参加狂欢节了！"

山姆在收到诊断结果后的几个月里进行了许多旅行。一天下午，他的女朋友来看他，发现他安详地躺在床上。当她发现他没有了呼吸时，就走到电话旁给医院的护士打了电话。然后她注意到床旁边有一个行李箱。她打开行李箱，里面放着山姆已经叠好的他最喜欢的西装，他的幸运衬衫和一双崭新的鞋子。她很困惑，因为他们没有计划下一场旅行。

当我挂断电话时，我意识到山姆打包行李想要传达的信息。对他来说，死亡只是另一场冒险，他想提前准备好他的行李。

如果我们每一天都能像山姆一样追求自己内心的生活，而不只是在我们生命最后的日子里，会是怎样？

我从患者那里学到得越多，我对节俭、储蓄和投资的许多想法就越不确定。你在任何财务自由的论坛或脸书（Facebook）群组上发布帖子咨询大额开销时，反对意见很快就会来临。这些反对意见一遍又一遍不厌其烦地声称，把钱花在这些大件物品上会产生"机会成本"。换句话说，如果我们把钱用来投资，它可以实现"复利"，让我们未来有可能获得更多的机会。

复利最简单的解释就是生息投资，呈指数级增长，也可以说这是你从利息中赚取的利息。许多专业的金融书都会用非常详细的数学公式描述，以复利增长的小笔资金如何在一段时期内不断扩大，而变成大笔资金。你所要做的就是坐下来休息，等待资金增长。

但我在和像山姆这样的临终患者接触后得出的结论是，金钱并不是唯一可以实现复利的东西。体验可以实现复利，我们投入对世界的探索中的时间和精力可以实现复利，知识可以实现复利，幸福也可以实现复利。

在我职业生涯刚开始的时候，我的姐姐和她的丈夫因为一份临时的工作搬到澳大利亚生活了一年。由于繁忙的事业和剩余的大学债务，我和妻子决定存钱，而不是去看望他们。多年后，我对没有去看望他们感到非常遗憾。当然，我们没有花的数千美元现在可能已经复利成数万美元。今天我可以轻松负担得起去澳大利亚的费用，但我永远无法回到过去，实现年轻时的那场冒险。我们一定不能忘记事物的真正价值所在。

我对"财务自由，提早退休"概念的了解加深了我对自己财务需求的理解，使我能够制订稳妥的计划，并将自己从不满意的工作中解放出来。此外，与临终患者的接触也帮助我看到了财务自由和提早退休是建立在恐惧的基础之上的：害怕没有足够的钱，害怕从事没有成就感的工作；也许最重要的是，害怕人还活着，钱没了。

当面对缩减开支、职业选择和经济危机时，这些恐惧不仅会导致极端行为，还会让人们误解生命的意义和目的。这也是我从患者那里学到的东西。我从临终患者身上学到的教训并不总是积极的。

莉兹在40岁出头时开始关注她的财务问题。她被财务自由和为两个年幼孩子建立富足生活的前景所吸引，开始了一项稳健的家庭预算计划。她不遗余力地储蓄和投资，几年后，她就步入了通往财务自由的正轨。

然而，莉兹对她刚实现的财务自由的喜悦是短暂的，她很快发现自己坐立不安，没有目标。她不快乐，开始与抑郁症斗争。现在钱的问题已经解决，她却不知道应该把精力集中在哪里。她失去了花更多时间在办公室努力工作赚钱的动力。

财富的幻景掩盖了一个事实，即金钱只是一种工具，而不是一个目标。莉兹不知道该如何填补只追求财富带来的空虚。她变得越来越沮丧，没有目标。她喝的酒越来越多，睡眠的时间越来越少。悲剧的发生只是时间问题，她开车时在方向盘上睡着了。

我只在莉兹的家人决定放弃继续治疗之前与他们简单见过一面。车祸造成了不可逆转的脑损伤，莉兹醒来的概率微乎其微。我与她的丈夫卡尔坐在一起，看着医护人员移除莉兹的呼吸机，我只能略表安慰。几天后，我打电话到他家里想看看他的情况。当他表达自己难以忍受的失落感时，他哽咽了，并分享了更多关于莉兹生命最后的故事。

"莉兹那段时间一直非常关心钱，"他告诉我，"我宁愿夜以继日地工作一辈子，只为和她再待一年！"

虽然我遇到过很多表达过类似遗憾的患者和家属，但我也看到一些人在被诊断出患有绝症后，选择以一种让渴望提早退休的人感到意外的方式来度过他们留在世界上的最后时光。

波比从小就痴迷于卡车，他梦想有一天能拥有自己的大卡车。他将童年的幻想转化为一项蓬勃发展的业务——买卖他小时候爱上的大卡车。每天早上，他都会在停车场来回踱步，欣赏他的宝贝卡车，然后坐到办公桌前，开始专注于匹配卡车买家和卖家的工作。

到他去世时，曾经蓬勃发展的企业基本上已经没有什么价值了。尽管他的客户越来越少，但波比仍然喜欢他的工作。随着他的充血性心力衰竭的恶化，我会去他的店铺问诊。他的助手把波比的躺椅放在靠近办公桌的地方，这样他就可以在一整天打瞌睡的间隙之中仔细阅读销售报表。他的身体在衰退，但他对卡车生意的热情丝毫没有减退。

现在人们普遍会认为，波比应该把工作做好，这样他就可以更早地离开他的店铺。但我向你保证，除了他的店铺，地球上没有任何地方是他想去的。

渐渐地，从事临终关怀医生的经历不仅改变了那个沉浸在失去父亲悲伤中的 7 岁小男孩对梦的诠释，也改变了我对如何度过余生以及我真正重视什么的看法。它帮助我淘汰了很多人认为神圣的财务建议，因为这些建议可谓"甲之蜜糖，乙之砒霜"。

也许最大的收获是，我意识到我们在试图保护自己远离死亡时经历了多少复杂的时光。有时对死亡的恐惧让我们要么谨慎行事，要么走一条不属于我们自己的道路。有时我们如此迷恋财富的幻景，以至于我们一生都在追逐一些并不真实存在的或难以实现的目标。对我们中的许多人来说，只有当我们发现自己快要死了或身患绝症时，这些错误的幻想才会破灭。

从生命的起点而不是尾声开始追随自己的内心，这对自己是一份多么大的礼物——在为时已晚之前领悟生命的意义。追求财富和金钱不应该以牺牲生命中重要的东西为代价，恰恰相反，它应该在这段最重要的人生旅程中起辅助作用。

这本书歌颂了我的患者教会我关于生与死的一切。这本书批判性地审视了我的许多同龄人在谈到金钱与生活之间复杂关系时推崇的传统智慧。

我从死亡中获得的智慧，比因为"人只活一次"而将经济责任扔出窗外要深刻得多。事实上，在我看来，我们不止活一次。我们从一次又一次的痛苦和失去中经历了无数次的重生。每个学业或职业的里程碑，每次失望或心碎都像是一个生命的结束和另一个生命的开始。但身为临终关怀医生，说"人只活一次"更科学！

虽然没有什么是永恒的，但对一些人来说，只有当他们面临自己即将死亡的事实时，才会开诚布公地审视自己的生活。死亡的确定性消除了自我麻痹的恐惧和障碍，让我们直面重要问题。没有时间犹豫了。我们想成为谁？我们重视什么？金钱有多重要，我们愿意为此牺牲什么？

这些问题的答案有助于填补我们内心经常被忽视的空白：我是谁，我想要什么。我们必须填补这些空白，为"好"的死亡做准备。现在是修复破裂的关系，并完成生命最后一刻的"遗愿清单"的时候了。生命的尾声既容易又艰辛。

然而，在离死亡还远的人手中，死亡的礼物变得更加强大。我们没有理由不去利用每天的失去和痛苦带给我们的勇气，让我们今天就开始思考关于身份和人生目的的问题。失去总是无处不在，有句哲理说得不错：我们需要向死而生。

问题是未来是不确定的，我们不知道我们是在明天还是几十年后死去。这就是为什么仅仅遵循其他人提出的关于明智理财和投资的原则或规则是不够的。有效地管理资金不仅仅是平衡收入和流出，不仅仅是预算和储蓄的问题。我们的目标是让我们的资金"自动驾驶"，这样我们的钱就会为我们工作，但我们的人生不应该任人摆布。

接下来的章节中我分享的故事、想法和观点是我从患者和我自己的生活中学到的最重要的教训。接下来的章节将提醒我们，财富只是一个杠杆工具，真正的财富远不只是金钱。通过提出正确的问题，我们可以使用此方法重写我们脑海里陈旧的故事，这些故事不再是不可撼动的。

太多的人指望理财顾问确切地告诉他们该怎么做。这些人真正需要的是更好地了解他们是谁以及他们想要什么。当吸取了临终患者的宝贵教训后，个人关于金钱管理的决定会变得非常清晰。我写这本书的目的是利用这些知识和教训来帮助你制订一个没有陈词滥调，不只是喊喊口号的财务规划。本书的目标是帮助你获得属于自己的独一无二的遗产。

第 1 章
金钱就像氧气

两个临终患者的故事

在与临终患者接触多年后，我得出了一个无法反驳的结论：我们害怕死亡，害怕等待死亡的到来。研究表明，很大一部分人害怕自己和亲人的去世。甚至还有一个叫"死亡学"的研究领域来专门研究人类对死亡和垂死的反应。

但同样普遍的是我们对生命的恐惧。具体来说，我们害怕错过让我们过上美好生活的一次机会。这种恐惧几乎渗透我们所做的每一件事，引发羞愧和失望，使我们的关系紧张。我们设定了很高的标准，紧接着担忧如果我们达不到要求会发生什么。

很多时候，这些标准是建立在我们从未真正研究过的根深蒂固的思想基础上的。这些思想的核心是，只要我们积累了足够的财富，就可以以某种方式避免死亡，或者至少减轻我们的不足和失望。难怪我们的心理健康会出现危机！我们无法逃脱死亡，也无法控制死亡。我们可以把钱都花在推迟死亡上，但再多的钱都不能帮我们永久逃脱死亡。

我想分享两个关于人们在非常不同的经济环境下生活和死亡的故事。从表面上看，它们只不过是两个关于死亡的故事。但是，如果我们忽视两个男人的经济状况，我们会看到他们带着同样的遗憾死去：他们的人生都没有实现"足够"。

查理的故事

签署离婚文件可能是查理的人生最低点。他的妻子坐在他身边，偶尔抬起手拍打一些在房间里嗡嗡作响的苍蝇。

但病房里没有苍蝇。

查理试图透过眼泪看清那些法律文件。他无意与他心爱的妻子离婚。但为了确保患有阿尔茨海默病的宝拉得到足够的医疗照顾，他不得不签署离婚文件以宣布妻子破产。只有这样，公共医疗补助才会支付资金。

他后悔没能带宝拉回家度过最后的日子，尽管那个他们几年前被迫搬去的狭窄公寓不能被称为"家"。他们在一起的最后几年与他们在繁华郊区抚养孩子的岁月有着天壤之别。最重要的是，查理后悔在还有时间的时候很少考虑自己的财务未来。

宝拉死后，查理的健康状况迅速恶化。他用他仅有的一点力气从他合租的小家中清理出他朋友的物品。离婚后剩余的最后一点钱都没了。他的身体虚弱，行动不便。一天晚上，他喝了很多酒才上床睡觉，当他醒来时，发现自己没有力气坐起来。他只能缓缓地滚到地板上，爬进浴室。没有人帮他拨打急救电话，他无法在某个医疗机构里度过最后的绝望时光。向他的孩子们承认他需要救助已经够糟糕的了，他珍惜和他们在一起的时光，不想让他们知道生活变得多么窘迫。

最后，查理的心脏衰竭了。他的医生建议他立即住院治疗。查理拒绝了。当医生强烈要求他雇用全天候的护理人员时，查理笑了。他那微薄的社会保障补助只够勉强支付水电费。

查理弥留时，他的孩子们围绕在他身边，他却带走了他的爱、回忆和经历，留下了不能维持基本生活保障的银行账户。

老康纳的故事

康纳在写邮件结尾的时候，听到爷爷含糊地说："别一直工作了……不值得为钱牺牲自己……"康纳迅速看了一眼他的劳力士手表，他的妹妹还有几分钟就来了，接替他照看爷爷。他与经销商的会面只能推迟这么久。

他转向他的爷爷："算了吧，爷爷，你几乎拥有了这家医院的大楼！"

这位大家族的族长快去世了。像康纳一样大的时候，这位族长开始建立现在这个价值数十亿美元的制造企业。现在他躺在这里，即将把他的遗产留给他不知感恩的子女和他自私自利的孙子孙女。与他同姓的康纳并不比其他人好，可他还有什么选择呢？这个年轻人继承的可不止他的姓氏。这个坚韧又专注的年轻人非常适合接手他的跨国企业集团。

康纳尊敬他的爷爷，以他为荣。可是，爷爷将死于某种癌症或其他疾病之手，他既不悲伤也不惊慌。对这位年轻又忙碌的首席执行官来说，这只是给生活带来了一些不便。

康纳终于把目光从手机上移开，可为时已晚。他的爷爷已经停止了呼吸。一股强大的力量消失得无影无踪。

我想知道康纳那一刻在想的是什么。他是在想自己的工作不值得吗？在想他出差的那些晚上，自己的妻子在做什么吗？

这是他爷爷想传达的吗？

康纳的苹果手机上的日程提醒嗡嗡作响：会议将在 15 分钟后举行。他抓起公文包塞在腋下，冲出病房朝电梯走去。他从来没有想过要通知他的家人。

这位大家族的族长死了。

钱足够时仍不够

为什么尽管情况截然不同，但是这两个故事有着如此相似的悲剧感？查理与妻子有着令人羡慕的夫妻关系，直到生命的最后一刻仍爱着他的妻子，但是他没有钱，医疗补助"抛弃"了他，最后他带着痛苦离开了这个世界。

老康纳，一个有钱到可以买下住院大楼的商人，也带着遗憾离世。他不关心日常生活，只是一个工作狂。他的一生没有得到真正的爱和亲密联系。

他领悟到"绰绰有余"也是一种不够。

2019 年，我有幸采访了白大褂投资者平台（The White Coat Investor）的创始人吉姆·达勒（Jim Dahle），华尔街高收入专业人士通过这个平台"互帮互助"。我们讨论了财富、幸福及两者之间的联系。

当谈到我的一些听众表示他们绝大部分的努力都是为了"比金钱更深"的东西时，吉姆感到难以置信。

他说："我认为，你已经财务自由还在那儿说钱无关紧要，真是站着说话不腰疼。你想想，如果你的银行账户里什么都没有，而此时你的孩子饿了，你生病了需要看医生，你的汽车要换变速器，你知道吗？没钱可不行！"

那天，他把钱比喻为氧气。如果你有足够的钱，它不会对你的生活产生太大影响。但是，如果你没有足够的钱，任何事情都是奢望！

他的话对我来说如同当头一棒。那些话帮助我意识到我过去在个人财务方面拥有的优越感。这么长时间以来，我一直低估物质财富的重要性，因为我很早就从生活富足上起步了。我一直在尽最大努力"拥抱富足心态"并且"摆脱贫穷思维"。

然而，我未能领会到一个基本事实：只有当我们的基本经济需求得到满足时，我们才有资格说"钱无关紧要"。

数据证实了我过去的思考方式是错误的。2017 年，美国纳斯达克上市公司的一项调查显示，在接受调查的 1 003 人中，57% 的人没有足够的现金来支付 500 美元的意外费用。[1] 这还是在经济和就业市场被新冠疫情摧毁之前的比例。

2020 年 8 月，根据科技公司 SimplyWise 的双月调查，因新冠疫情而失业或收入减少的人中，有 38% 的人都无法靠任何形式的储蓄生存一个月。[2] 更令人担忧的是，1/5 的人的储蓄、应急基金或退休专用资金无法维持两周的生活。很大一部分人生活在失业与贫困的水深火热之中。

正如这些统计数据所揭示的那样，我们正处于一场经济危机之中，仅仅依靠我们个人的力量无法战胜。因此，仍在努力奋斗的人不应该对未来的生活感到羞耻。虽然这本书没有明确关注如何摆脱债务，但它描述了我们都应该知道的理财实践基础知识。更重要的是，这些理财观念能够帮助我们理解金钱的本质以及如何明智地使用它。

此外，过上富足生活的人不应该高兴得太早。让我们进一步了解"氧气"的隐喻，以了解其背后的原因。没有最低水平的"氧气"，生活便难以维持，那"氧气"过量时会发生什么呢？额外的"氧气"能带你去任何地方吗？能让你获得超人的力量，寿命更长，更幸福吗？

---

[1] Bankrate, "Nearly 60% of Americans Can't Afford Common Unexpected Expenses," *January Money Pulse,* January 12, 2017, https://www.bankrate.com/pdfs/pr/20170112-January-Money-Pulse.pdf.

[2] Greg Iacurci, "Nearly 40% of Cash-Strapped Americans Can't Last a Month on Savings," CNBC, August 19, 2020, https://www.cnbc.com/2020/08/19/nearly-40percent-of-cash-strapped-americans-cant-last-a-month-on-savings.html.

虽然有些人可能觉得答案是肯定的，但作为一名医生，我可以肯定地告诉你，拥有比你的肺和身体生存所需的更多的氧气不会有任何好处。事实上，在含量非常高的情况下，氧气可能是有毒的，会对肺部和心脏造成损害。

那么，为什么我们没有意识到关于金钱的数量也是同样的道理呢？为什么我们追逐的金额越来越高，已经远远超过了我们"足够"的水平？此外，为什么我们觉得在满足基本需求后，更多的钱会以某种方式帮助我们获得更多的成就感和身份满足感呢？

我把这种想法称为"足够谬论"。这种想法认为，一旦我们达到某种稳定期（无论是财富、成就还是幸福方面），平静和幸福感就会笼罩着我们。而现实中，我发现人们一旦达到目标，恐惧就会紧随其后。我们立即担心会失去最初努力获得的一切，这时恐惧感取代了成就感。

你可能熟悉"损失厌恶效应"这个心理概念，这是心理学家阿莫斯·特沃斯基（Amos Tversky）和丹尼尔·卡尼曼（Daniel Kahneman）提出的一个概念。[1] 简单来说，人们心理感知到的失去带来的痛苦是获得带来的快感的两倍。因此，我们将竭尽全力避免我们极度害怕的"损失"。也许这就是为什么每当我们到达一个我们曾经认为"足够"的水平时，我们就会害怕跌落。我们还没庆祝这个目标的达成，就开始追逐下一个目标。

---

[1] D. Kahneman and A. Tversky, "Prospect Theory: An Analysis of Decision under Risk," *Econometrica* 47, no. 4 (1979): 263–291.

我们的大脑似乎天生就永远不会感到满足。而更糟糕的是，它欺骗我们，让我们以为，与失去现有的东西相比，真正的收获或成就会黯然失色。

那么我们注定要失败吗？

"足够"只是一种幻想吗？

"马斯洛金字塔"可能带来对幸福的误解

让我们从你可能熟悉的著名金字塔的底部开始我们的"足够之旅"。

1943年，著名心理学家亚伯拉罕·马斯洛（Abraham Maslow）在他的论文《人类动机理论》（A Theory of Human Motivation）中介绍了他的需求层次理论，通过需求金字塔阐明人类行为的驱动力。[①] 金字塔下层是我们的基本生理需求：食物、水、衣服、安全。然而，沿着需求金字塔攀登，人们更抽象的需求开始占主导地位：爱、声望、创造力和自我实现（见图1-1）。

刚看到这个金字塔我就想起与吉姆·达勒的谈话："实现'足够'要求我们的基本生理和安全需求得到满足。"支撑基本需要的金钱（食物、水、安全）就像氧气，没有它我们根本不可能生存。

---

① A. H. Maslow, "A Theory of Human Motivation," *Psychological Review* 50, no. 4 (1943): 430–437.

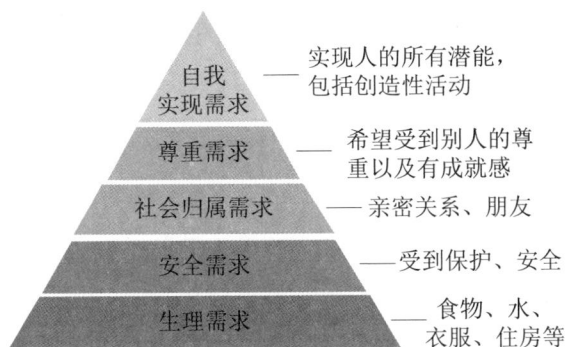

图1-1　马斯洛金字塔

但是当我想到从老康纳身上学到的东西时，我对金字塔的看法就有点不同了。我们应该把金字塔中的每个阶段想象成在攀登更高、更困难的阶层之前必须经过的一个步骤吗？归属感、自尊和满足感只能发生在前两个层次得到满足之后吗？传统的理论告诉我们，确实如此。但是，我认为是时候把马斯洛金字塔拉扁来看了。

看看本章开头的两个故事就知道了。毫无疑问，老康纳早就实现了金字塔底部的基本需求。然而，在生命的尽头，他远未达到金字塔顶端的自我实现那个三角形区域。他的生命中没有爱情，没有深厚的感情。他止步于金字塔底层。

另一方面，查理的生活充满了爱和感情。即使在经济上挣扎，他也攀登到了金字塔顶端的三角形区域。他虽然缺钱，但他实现了生命的意义和目的。

查理"打破"金字塔了吗？冲击了这个理论吗？或者更有可能的是，我们所了解的需求分层实际上是不现实的？实现"足够"的过程可能看起来不像攀登金字塔，而更像是绕着一个螺旋形转圈，始终确保我们不会偏爱一个关键领域而忽视另一个关键领域。

拥有一家价值数十亿美元的公司不会比贫穷的人更容易获得自我满足感和自我成就感。我们不必为了爬到下一个层级而先到达一个层级。相反，这是一个大杂烩，普通人选择满足他们的部分需求，而忽视其他需求，但我们中最有成就感的人会牢记五个层次的所有需求。

我们很容易发现查理所缺乏的东西，但许多人会对老康纳这样的故事感到困惑。为什么他有这么多东西，还不能实现金字塔顶端的需求？

在我的职业生涯中，我照顾过许多像老康纳这样的患者。我看到他们从一个成就跌跌撞撞地走向另一个成就，从一个金钱目标跌跌撞撞地走向另一个金钱目标。他们不知道满足感是什么。他们的快乐取决于一次又一次的成就，但持续不了多久。

为什么会这样？

"享乐跑步机"与"超速运转"

许多理财书都讨论过一个叫"享乐跑步机"（hedonic treadmill）的概念。

我们都时不时地渴望增添奢华的物品：汽车、珠宝、房屋，不一而足。确实，新物品往往会将我们的幸福感短暂地推向顶峰。

我们惊叹于停在车道上的精致轿车，在我们手指上闪闪发光的钻石。然而，随着时间的流逝，我们又回到了起点（见图1-2）。我们的幸福感没有增加，反而只是破费了不少。

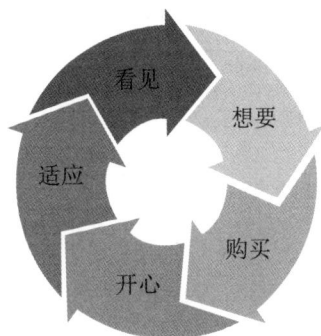

图 1-2　享乐跑步机

"享乐跑步机"理论可以解释这些现象。背后的原理简单来说就是，人类能够如此迅速地适应变化，以至于无论我们在生活中经历了什么积极或消极的变化，我们都倾向于保持基本的幸福水平。这就是为什么我们的购买行为给我们带来了一种几乎瞬间消失的短暂幸福感：因为我们适应了。在不知不觉中，我们在网上寻找下一个要买的东西，希望能重现那种短暂的幸福感。

这是为什么？因为人性，因为消费是会上瘾的。这就是为什么它被称为跑步机。我们的腿移动得越来越快，但实际上，我们只是在原地踏步。"享乐跑步机"是我们许多人最后不得不做出与查理一样难以置信的临终抉择的原因。

然而，许多理财专家没有告知我们的是，"享乐跑步机"有一个双胞胎兄弟，它同样具有危害性。我喜欢称之为"超速运转"，这在那些被财务自由的想法所吸引的人中尤为常见。对我们中的许多人来说，存钱和赚钱会给我们带来短暂的幸福感，带来令人上瘾的多巴胺小刺激，而不是花钱。

问题在于，就像"享乐跑步机"一样，金钱累积并不能永远给我们带来幸福感。每当那些新里程碑的光芒消退时，我们就会回到起点。我们就陷入试图赚更多钱的怪圈中。

当我谈论"超速运转"时，我并不是在谈论汽车上让人无法理解的挡位设置。但是，让我继续使用汽车的比喻：当车轮在转动，但汽车悬空不接触地面时会发生什么？我们可以将油门踩到底以增加车轮的旋转速度，但汽车仍然没有移动。

好吧，你可能对此持反对意见，觉得虽然"享乐跑步机"是一个不错的理论，但当涉及金钱时，更多的钱确实可以买到更多的幸福。一旦你买得起更好的东西，生活就会变得非常容易。

让我们来看一些例子。

更多的钱带来了更多的幸福吗

为了理解金钱和满足感之间的复杂关系，我们必须先学习研究人员在研究这些关系时使用的术语。在这些研究中反复出现的两个概念是**情绪健康**和**人生评估**。

> **情绪健康，**是指一个人日常生活中产生的情绪感受，也就是我们通常所说的"幸福感"。
>
> **人生评估，**是指一个人体验到的长期成就感或满足感。

你可能听说过，2010 年丹尼尔·卡尼曼和安格斯·迪顿（Angus Deaton）研究了收入对我们生活的影响。[①] 他们对 1 000 名美国居民进行了情绪健康和人生评估的测量，发现居民的年收入增加到 7.5 万美元前，收入提升会带来幸福感提升，但年收入超过 7.5 万美元后，幸福感的提升就微乎其微了。

为了进一步研究这一概念，2018 年，普渡大学心理科学系的研究人员分析了盖洛普世界民意调查的数据，该民意调查来自 164 个国家的 170 多万人的代表性调查样本。[②] 研究人员发现，当人们的年收入在 6 万 ~7.5 万美元时，金钱不再影响情绪健康。获得人生满足感的理想年收入是 9.5 万美元。

有趣的是，该研究还发现，一旦达到这些年收入标准，收入增加往往与生活满意度降低和日常幸福感降低相关。该研究的作者推测，一旦年收入超过这些关键点，人们的物质消费和同伴攀比会增加，这往往会产生整体负面影响。这听起来有点像"超速

[①] D. Kahneman and A. Deaton, "High Income Improves Evaluation of Life but Not Emotional Well-Being," *Proceedings of the National Academy of Sciences of the United States of America* 107, no. 38 (2010): 16489–16493, doi: 10.1073/pnas.1011492107.

[②] A. T. Jebb, L. Tay, E. Diener, and S. Oishi, "Happiness, Income Satiation, and Turning Points around the World," *Nature Human Behaviour* 2 (2018), 33–38.

运转"，难道不是吗？

马修·基林斯沃思（Matthew Killingsworth）2021 年的最新研究质疑了卡尼曼和迪顿 2010 年研究的结论。[1]尽管基林斯沃思发现超过 7.5 万美元门槛后，金钱也与幸福感相关，但这种关联很小，主要出现在那些认为金钱很重要的研究对象中。

我理解错了

我可以自信地写出关于"超速运转"的片段，是因为我自己就深受其害。在我成年后的大部分时间里，我拥有的远远超过"足够"，但我一直在想，如果我赚得更多，如果我的薪水更高，如果我的净资产更高，如果我存的养老金越多，我就会越快乐。

但是，财富"绰绰有余"没有奖赏。事实上，它有惩罚。我的财富增长之旅消耗了我的时间、精力，甚至还有我的亲情。我的孩子长大了，我的父母变老了，我的兄弟姐妹先后成立了家庭。

而我很忙，经常忙得没有时间陪伴我的家人。

为什么？为什么我们被迷惑？为什么我们忽略了生活中所有非货币事物的重要性和价值，取而代之的是追求财富和物质主义？

更难以发现的事实是，美国文化（以及许多其他现代化社会

---

[1] M. Killingsworth, "Experienced Well-Being Rises with Income, Even Above $75,000 Per Year," *PNAS* 118, no. 4 (January 26, 2021): e2016976118, doi: 10.1073/pnas.2016976118.

的文化）鼓励我们追求财富和物质。我们的文化鼓励我们成为工作狂、消费主义者，鼓励我们相互攀比。我们痴迷于购买最新的、最流行的、最好的物品。一旦购买，我们就会自豪地炫耀我们的东西和生活方式，让其他人羡慕。

不相信我？让我们看看事实。2014 年，盖洛普世界民意调查显示，美国人每周的工作时间比大多数发达国家都多。[1] 实际每周工作时长是 47 个小时，远远超过德国和瑞典等发达国家，这些国家的人每周的工作时间约 35 个小时。

美国人比其他国家的人更倾向于选择回避假期。2017 年 "休假项目"（Project Time Off）这项由美国民众发起的运动研究了这一现象，发现美国 52% 的职场人士将一些假期时间留在了办公桌上。[2] 请注意，美国与大多数国家不同，美国每年的法定假期只有两周。工作日晚上和周末的工作数据甚至更糟（见图 1-3）。

美国人不仅在非工作时间工作的时长上领先，而且多达 1/4 的美国人至少会在一些工作日晚上和周末加班。

显然，这些数据让我们忍不住思考：为什么会有这种差别？是因为美国人非常热爱工作吗？ 2019 年的一项盖洛普世界民意调查的结果显示事实并非如此，该民意调查调查了 6 633 名在职成

[1] Lydia Saad, "The '40 Hour' Work Week Is Actually Longer—by Seven Hours," *Gallup*, August 29, 2014, https://news.gallup.com/poll/175286/hour-workweek-actually-longer-seven-hours.aspx.

[2] Megan Leonhardt, "Only 28% of Americans Plan to Max Out Their Vacation Days This Year," *CNBC Make It,* April 27, 2019, https://www.cnbc.com/2019/04/26/only-28percent-of-americans-plan-to-max-out-their-vacation-days-this-year.html.

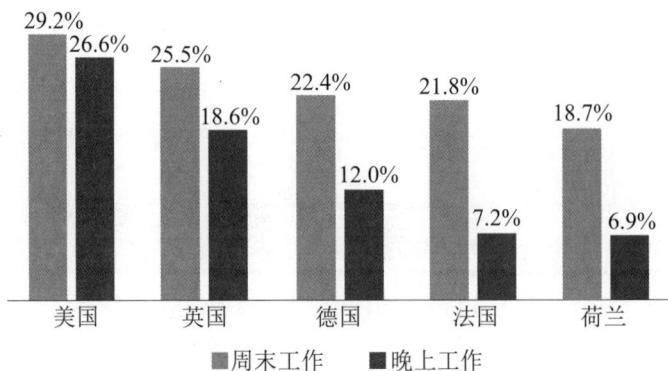

	29.2% 26.6%	25.5% 18.6%	22.4% 12.0%	21.8% 7.2%	18.7% 6.9%
	美国	英国	德国	法国	荷兰

■ 周末工作　■ 晚上工作

图 1-3　不同国家工作日晚上和周末工作习惯对比 [①]

资料来源：哈默梅什（Hamermesh）和斯坦卡内利（Stancanelli）。

年人以评估他们的工作满意度。[②]民意调查发现，接受调查的美国职场人士中只有 40% 认为自己正在从事一份"好工作"，而16% 的调查对象认为自己正在从事"糟糕的工作"，剩下的 44%表示他们正在从事"平庸的工作"。

这些数据太可怕了！

总之，我们比以往任何时候都更加努力地工作，无视假期，在工作日晚上和周末疯狂加班，忙碌于我们大部分人认为平庸甚至可能很差的工作。为什么啊？为什么我们要这样对自己？为什么我们用最宝贵的时间换来的是这不幸的局面？

是因为恐惧吗？

---

① Statista, "Americans Work Nights and Weekends the Most," October 10, 2014, https://www.statista.com/chart/2812/americans-work-nights-and-weekends-the-most.

② Megan Henney, "Most American Workers Don't Like Their Job, Study Finds," *Fox Business,* October 24, 2019, https://www.foxbusiness.com/markets/american-job-satisfaction-gallup-poll.

为什么我们压力如此之大

研究发现，金钱是美国人最大的压力来源。事实上，西北互惠保险公司（Northwestern Mutual）2018 年的一项调查发现，金钱是 44% 的美国人（约 1.44 亿）压力的主要来源，其次是人际关系（25%），只有 18% 的人的压力来源于工作。[①] 美国心理学会（American Psychological Association）的数据也显示，金钱是美国人的头号压力源："2007 年我们的调查开始以来，无论经济环境如何，金钱一直是美国人的头号压力源。"[②]

马斯洛需求层次理论能部分地解释这些恐惧。大部分美国人没有足够的钱，所以他们被困在满足基本需求的金字塔底部。

但这个理论肯定无法解释像查理这类人，他们在没有满足基本需求的情况下攀升到所谓的金字塔顶层。这个理论并不能解释为什么我无法享受我的职业，反而备受煎熬，最后还陷入严重的倦怠。马斯洛需求层次理论无法解释这样一个事实：美国中产阶级和上层阶级中的很大一部分人有足够的生存能力，却发现他们的日常工作是巨大长期压力和痛苦的原因。

答案很简单，而且近在眼前。我们期望用钱来办它办不到的事情！钱已经从工具转变为目标。我们认为，只要我们赚了足够

① Northwestern Mutual, "Planning and Progress Study 2018," March 19, 2018, https://news.northwesternmutual.com/planning-and-progress-2018.

② American Psychological Association, "American Psychological Association Survey Shows Money Stress Weighing on Americans' Health Nationwide," press release, February 2015, https://www.apa.org/news/press/releases/2015/02/money-stress.

的钱，我们就可以成为幸福的人，我们的日常问题就都能得到解决，我们就可以避免这样的恐惧：我们将在没有足够钱的情况下走到生命的尽头。

我们总是拖着不思考这些难以解决的问题，明日复明日。

如果我们不再推迟思考这些问题会怎样呢？

如果我们直面死亡的恐惧会怎样呢？

如果我们能定义"足够"的真正样子，以便能够清晰而又明确地追求这个目标，那又会如何？

通过人生复盘重新定义自己

接受临终关怀没有什么可羡慕的。对许多人来说，这是他们一生中最糟糕的时刻。在过去的一些痛苦情境下，我一遍又一遍地领悟到生命的可贵。然而，往往在死亡带来的初始冲击消退后，一个更深刻、更丰富的身份评估和反省时期随之而来。我们可以称之为"人生复盘"。

人生复盘是一个整体而系统的过程，通过评估一个人的过去和现在，包括重要的事件和记忆，尝试找到人生的意义和问题的解决方案。通常的做法是，临终安养院的护理人员或牧师与患者单独交谈，带领他们回顾自己的人生。他们会引导患者思考这样的问题：我为哪些成就感到自豪？我培养过我的人际关系吗？有什么让我后悔的事情吗？

这些问题一开始可能让人觉得很困难，令人痛苦。我的患者希拉花了很多时间和我谈论她的第一次婚姻。她清楚地记得那天她走进卧室，发现她的丈夫和一个陌生女人在一起。就在她第二次流产几个月后，她再一次体验到心痛的滋味。

她非常愤怒，马上拿起电话打给了律师。她的离婚迅速而坚决，他们之间没有孩子或经济问题。她离开了他们合租的小公寓，再也没有回头。

几十年后，40多岁的她因白血病即将离开人世，她临走前后悔自己当年冲动的行为。她当时是如此痛苦，以至于她无法换位思考前夫的痛苦。她决定给前夫打电话的那天，我也在旁边。他们这么多年没有联系，现在她不仅要原谅他，还要为自己当初不当的行为道歉。与生命中这个重要但遥远的人和解后，她生命中最后的日子多了一丝宽慰。

有时人生复盘可以帮助我们理解"足够"的确与金钱有关。虽然格特鲁德已经80多岁了且身患肺气肿，即将不久于人世，可大萧条对她的影响一直都在。对饥饿的记忆是如此深刻，以至于她经常把钱藏在家里的不同地方，以防困难时期意外袭来。随着时间的推移她的经济状况逐渐改善，格特鲁德将这些恐惧转移到了她的孙子孙女身上。他们的基本需求得到了满足，但他们是否有足够的钱去度假？能否上大学？能否过上他们梦想的生活？

在临终安养院牧师团队的帮助下进行人生复盘后，格特鲁德对子孙的担忧让她无法安然离世。知道这些后，格特鲁德的孩子们决定告知母亲他们的财务状况，以消除她的担忧。当她看到每个孙子孙女都在"529大学基金计划"中存了钱时，她感到一个巨大的负担消失了。

对许多人来说，人生复盘是唯一可以找出他们没有"足够"的地方，并试图填补空白的机会。那么，我们为什么要等到绝症的诊断结果出来才进行如此重要的工作呢？如果我们现在，在人生终点到来之前，有勇气做一次人生复盘，会怎样呢？在本章的最后，我将为你提供一些基本问题，以审视自己在马斯洛理论各层次需求方面的不足之处。

但首先，我们要了解自己的思想和动机，再来理解为什么即使我们有不足，我们也能感到满足。

人生的"攀登"不是一场比赛

克服"足够谬论"的最好方法是改变我们与"攀登"的关系。我们可以将攀登定义为朝着有意义的目标不断前进。"足够"就是不多也不少。

人类似乎确实需要某种攀登。我们感到最充实和最接近自我实现的时刻不是当我们购买新玩具或获得重大投资回报的时刻，而是当我们做有目的的事情，并渴望具有重要人生成就的时刻。

马斯洛把这个发展阶段称为自我实现。幸福研究员则会使用"情绪健康"和"人生评估"这两个专业名词。布罗妮·韦尔（Bronnie Ware）在其经典著作《临终五大遗憾》（*The Top Five Regrets of the Dying*）中，描述了她的患者多希望自己过着"服从自己内心"的生活，而不是活在别人对他们的期望里。[①]

我称之为"攀登"，更具体地说，就是努力获得我们自己独特的目标、身份和社会联系。

我们不应该把"攀登"当作一场比赛。我的播客嘉宾迈耶·费尔德伯格（Meyer Feldberg）曾在他的回忆录中哀叹道："没有终点线！"[②]没有终点，没有胜利的奖牌，只有一条又一条的路摆在我们面前，等待我们做抉择。

临终患者立马意识到了这一点。他们对当下有紧迫感，因为对他们来说，没有长期的目标可以设定。"享受过程"就实现了"足够"。珍惜每一天，一步一个脚印，直到生命的终点。

我们也可以做到，跳下"跑步机"，开始"攀登"真正重要的事情。

死亡很容易。困难的是学习如何活着：学习如何避开损失厌恶效应和"超速运转"的陷阱，并从内心找出激励自我的因素。

---

① Bronnie Ware, *The Top Five Regrets of the Dying: A Life Transformed by the Dearly Departing* (Carlsbad, CA: Hay House, 2012).

② Meyer Feldberg, *No Finish Line: Lessons on Life and Career* (New York: Columbia Business School Publishing, May 5, 2020).

练习 1：在为时已晚之前重新定义人生

1. 在下周的日程安排中选择 2~3 天，每天腾出 1 小时。在此期间，找一个安静、舒适的地方，确保关闭所有电子设备，让身体得到充分休息，没有饥饿感，然后集中你的注意力。

2. 闭上眼睛，想象你走进医生的办公室进行年度体检，感觉很好。当你的医生进来时，你注意到她的表情比平时更沉重一些。这时她告诉你，你只剩下一年的生命了。恐惧和惊慌占据了你的大脑，你的身体开始微微出汗。

3. 如果你在做这个练习时感到焦虑，要知道这是很正常的。深呼吸几次可以帮助缓解焦虑。随着时间的流逝，焦虑感会消退，你的肩膀开始放松，身心宁静。既然你的死亡时间已经确定，你有什么想好好思考的？

4. 列出所有你认为在你离开这个世界之前要去做、要去经历、要去实现的事情。可以参考一些常见的遗愿清单，也可以参考你迄今为止的生活经历。你有哪些遗憾？

5. 问题要具体，可以问自己这些重要的问题：
   - 我人生中的哪些关系需要修复？
   - 我还有哪些终身目标尚未实现？
   - 我没有勇气实现的深层需求有哪些？
   - 我否认自己的需求是因为太害怕花钱吗？
   - 我一直想去哪些地方？

- 我想为我的家人和朋友留下什么遗产?

- 我在哪些方面还没有"足够"?

6. 你会注意到"足够"与特定的数字无关,至少到目前为止是这样。在接下来的章节中,我们将探讨如何利用金钱和人力资本作为杠杆,以更快地达到"足够"。现在,只需问问自己哪里"不够",并大方地回答这些问题。

7. 不要着急在一天里解决每个问题。也许第一个小时花在思考医生办公室里的那一刻,第二个小时花在问自己那些重要的问题上,第三个小时则花在探索"足够"的定义上。

第 2 章
工作不因退休而停止

最近，我与"赚钱与投资"播客的一位听众在电子邮件中进行沟通，他讲述了他最近的纠结。与许多刚接触财务自由一门心思忙着积累财富的人不同，杰森遇到了完全不同的问题。他的债务还清了，他和他的妻子有稳定的工作。所有投资都在"自动驾驶"，财务自由近在咫尺。

但……他很痛苦。他对自己的爱好和友谊失去了兴趣，连起床都成了一个挑战。他无法理解自己的悲伤，因为他的生活进展得如此顺利。他周围的每个人都坚持认为他应该"停止抱怨，享受生活"。

当我在写杰森的经历时，我的思绪又回到莉兹，那个在本书引言中出现的年轻的车祸受害者。他们两人都发现，实现财务目标后的短暂喜悦被一种无望和沮丧的感觉所取代。他们没有变得精力充沛，而是感到迷茫，无法重现以前有目标、有方向的自己。

我对此感到惊慌失措。我了解金钱的憧憬对莉兹生活的破坏力，并迫切地想保护杰森，以避免同样的悲剧发生。直到莉兹陷入昏迷，她的家人才意识到错误地将金钱当作最终目标的人生多么脆弱。

然而，尽管有情感因素，这个错误很容易犯。事实上，我们不是都这样吗？我们的社会风气让我们从小就过于看重金钱，可金钱绝对不值得放在这么高的地位上。我们应该更多地将其视为一个中介，一个"欠条"：让我们能够朝着我们独特的目标、身份和社会联系前进的势能。我们堆积了多少"权利"并不重要。如果我们还没有弄清楚在哪里重新分配这种能量，我们就会像莉兹和杰森一样感到无所适从。

那么我们如何开始重新分配能量呢？

我们该怎样帮助杰森避免临终前的不满足感和孤独感？我们该怎样超越金钱的幻景，理解更深层次的目标感？

第一步是重新思考我们如何看待金钱。我们歌颂提早退休，但很少定义退休的真正含义。毕竟，我们大多数人在收到最后一份薪水后还会继续工作一阵子。因此，如果我们的目标是真正的独立，我们需要消除这样一种观念，即当我们再也不用工作时，我们美好的人生就会开启。

本章将深入探讨当我们使用"金钱""工作""就业""退休"这些词时，我们真正在谈论什么。通过重新构建我们对这些概念的理解，我们可以停止追逐模糊的目标，使我们今后想要的生活变得明确清晰。

重新定义工作

2008—2009 年的金融危机让美国的"**财务自由，提早退休**"运动获得了发展动力。高薪的科技员工对经济衰退的困境和充满压力的工作感到绝望，努力寻找出路。他们的解决方案很简单：通过赚钱、储蓄和投资获得足够的财富，直到再也不用工作了。

> **财务自由，**是指拥有足够收入来支付余生的生活费用而不必受雇或依赖他人的状态。

"让你的钱为你工作！"

这一口号是一个时代的精神写照。人们下意识地认为工作是坏的……是与自由相对立的。为了摆脱工作契约的奴役，许多人听从了早期"财务自由，提早退休"爱好者的财务建议。比如钱胡子先生（Mr. Money Mustache），这是一位 47 岁的加拿大博主，真名是皮特·阿德尼（Pete Adeney），他于 2005 年从软件工程师的职位上退休，当时他 30 岁。这些"财务自由，提早退休"爱好者尽职尽责地储蓄和投资，直到他们的银行账户充满了现金，这一目标的实现没有这些高薪年轻人想象的那么费力。

然而，这些退休的年轻人从工作中解脱的幸福感转瞬即逝。面对至少 50 年不受工作束缚的余生，缺乏人生方向在所难免。像杰森和莉兹一样，这些年轻人很清楚他们不想做什么，但不知道如何在生活中重拾激情。他们曾经热衷于赚钱，但现在他们有足够的钱了，人生的意义是什么呢？

自己做主，对于被困在沉闷的办公楼隔间里的我们很有吸引力，但当需要面对现实时，就变得令人厌烦了。许多过去通过雇人减少的烦琐家务，现在突然成为这些提早退休人员的"职责"。退休后离开有空调的办公室去做这些你陌生又不喜欢的事情，过着清洁厕所和修剪草坪以节省开支的生活，你很难高兴起来。

托尼是一位死于肺癌的退休人员，他的临终关怀经历就是最好的例子。在进行人生复盘时，他告诉护士，"我在一家餐馆长期做洗碗工，我辞职之后，你猜我做了什么？"

他的退休时间都花在了做饭、打扫卫生上，除此之外还有，你猜对了，在家自己洗碗。随着死亡的临近，他意识到在工作中保持的社会关系为他的生活赋予了意义。但在计划退休时，他没有考虑过这些社会关系的重要性。他已经对退休的想法如此着迷，以至于他没有意识到"洗碗不光是洗碗"。

这与他在哪里洗碗并没有什么关系，无论是在餐厅为老板洗还是在家为自己洗。虽然都是"干活"，但餐厅的工作不仅提供了薪水，而且提供了人与人之间的联系。

托尼和那些早期支持"财务自由，提早退休"的人都犯了同一个根本性错误：他们没有理解工作的真正含义以及它在情绪健康中的重要性。

工作的本质很简单，但很容易被误解。工作是我们一生都在做的事情，它永远不会停止，即使在退休后也是如此。从根本上说，工作是我们创造商品和服务的活动。无论我们为自己还是为他人做这项工作，都是如此。当我们为他人做这件事时，我们称之为就业。如果托尼每个工作日晚上在餐厅洗碗，他就为餐馆老板提供了服务，餐厅老板可以提供食物或其他一些基本商品或服务，例如金钱，来支付托尼的服务费用。

> **工作**，是指我们为创造商品和服务所从事的活动。就业是为别人或企业创造商品和服务的行为，通常是为了换取金钱。

在家里吃完晚饭后，托尼也习惯洗碗。虽然这仍然是干活，但在这种情况下，他是为自己提供了服务。作为这项劳动的交换，托尼获得了干净的餐具，并且不需要再花钱雇用其他人为他做这件事。

为什么我们自然而然地将我们为他人所做的工作归为"坏"，而将为自己所做的工作归为"好"？如果我们将这两项活动的本质视为相同，那会怎样？这样我们就可以更好地理解金钱的本质。

金钱是中介

人们大都误解了金钱的概念。金钱本身没有价值。它是一个中介，是商品和服务的支撑，是我们为他人工作时收集的势能。

当我存钱时，我正在收集几乎可以普遍使用的"欠条"。在收到洗碗工的薪水后，托尼常常去附近的便利店，用他的"欠条"换取他每周的食物。他用自己洗碗的工作来换雇主提供的一种"欠条"，即货币。然后，再用这些货币从杂货店老板那里换取冰激凌。

当根据金钱做出人生抉择时，比如决定赚到一定的钱就退休，我们只是将这个中介作为目标而不是实现目标的工具。我们欣然满足于这些势能，这些"欠条"，而不是深入思考如何利用这些势能来实现我们独特的目标、身份和社会联系。

杰森在实现财务目标后感到茫然，这件事出人意料吗？他已经积累了大量的势能，却不知道如何重新分配它们。另一方面，托尼直到临终才意识到，他应该工作得更久。虽然不管哪种方式，他都在工作，但在退休之前，他感受到了更多的陪伴和联系感。他从雇主那里收取的钱也可以支付房屋清洁工的费用。

财务自由，但不必提早退休

虽然这些对工作和金钱的新定义使退休的定义更加清晰，但也引出了一个问题，即我们是否该为此烦恼。当你拥有了足够的"欠条"，可以满足未来自己必需和想要的商品与服务时，退休就会到来。这才是退休，无论你是否在继续赚钱。

难道不再工作不是最终目标吗？

对托尼来说不是，甚至对杰森或莉兹来说可能也不是。

当谈及这个根深蒂固的理念时，我们需要学习如何改变我们的观点。目标不应该只是存够钱就不再工作，而应该是积累足够的"欠条"并分配它们，然后最大限度地利用我们宝贵的时间，去做那些我们真正想做的事情，去做那些让我们的生活有意义的事情。

不幸的是，这种观念转变有时来得太晚了。托尼在面临死亡时，才被迫转变了观念。托尼最初的退休目标非常符合传统的"财务自由，提早退休"的理念。值得称赞的是，财务自由运动正在逐渐明确这些不可衡量的目标，"提早退休"部分正在被删除，"财务自由，提早退休"群体内部探索的几个子理念让我们更好地思考了对时间和精力的重新分配。

为了让你开始在自己的生活中融入这些子理念，让我们来看看"财务自由，提早退休"运动是如何开始纳入慢速财务自由（Slow FI）和平稳滑行财务自由（Coast FI）这两个子集的。

慢速财务自由

杰西卡·林恩（Jessica Lynn）在她的网站 The Fioneers 上发布了有关个人理财的博客。早在 2019 年，杰西卡就创造了"慢速财务自由"一词。当她刚开始了解财务自由理念时，她偏向"人只活一次"的生活方式，她一点都不节俭！虽然她像其他人一样看到了实现财务自由的很多好处，但她担心的是贫穷心态。她的目标是既要学会享受当下，又要为未来做打算。最终，她采纳了"**慢速财务自由**"这一生活理念。

> **人只活一次**（You Only Live Once，简写为YOLO），就像拉丁语里的"活在当下"（carpe diem）一样，意味着你应该抓住每一天，倾尽全力地过上充实的生活。

> **慢速财务自由，**是指一个人利用实现财务自由过程中获得的增量财务自由，去实现更幸福、更健康的生活，去获得更好的工作，去建立牢固的人际关系。

慢速财务自由避开了通往财务自由的快速道路，允许我们现在使用一些金钱，而不是等到未来，等到一个可能永远都不会到来的某个不明确的时刻。杰西卡建立了一个稳定的财务基础，使她能够在实现财务自由之前很久就放弃她没有成就感的工作，并利用她腾出的时间追求她热爱的事业。

虽然杰西卡推迟实现她的净资产目标，推迟退休，但她的生活质量大大提高了。她可以花更多的时间做她喜欢的事情。她既延迟了满足，又过上了最好的生活。她甚至可以保留"人只活一次"的生活方式中最令人愉快的部分。事实上，她最近斥巨资买了一辆露营车，打算花费数万美元将其改造成一个带轮子的迷你住宅，以便在美国各地慢慢旅行。这种大手笔花销在短短几年前是不可想象的。用杰西卡的话来说，"慢速财务自由早在达到完全财务自由之前就设计好了适合自己的生活方式"。

平稳滑行财务自由

财务自由的主要问题是，它通常像是一个遥不可及的目标。计算余生所需的金额是令人生畏的。通常，这些数字会攀升到数百万元，让人觉得遥不可及。平稳滑行财务自由理念是为那些觉得自己不能再延迟当下的幸福并想追求梦想的人而设计的。[①]但他们想负责任地做这件事。

平稳滑行财务自由理念符合一句谚语——种树的最佳时间是20年前。正如我们所讨论的，复利是一个有魔力的过程。我们可以利用这种魔力，在获得能够支撑我们的生活方式所需的确切净资产之前很久就开始"种下"财务自由的种子。

平稳滑行财务自由是逆向工程的一种形式。使用我们将在第5章中讨论的方法，我们可以计算出未来退休储备金的规模。然后，我们可以使用复利和平均投资回报率来计算我们今天需要投资多少钱才能增长到这个规模。虽然这听起来很复杂，但让我使用一些数字来举例。

如果你每年需要花费4万美元来过上舒适的生活，那么你将

---

① Four Pillar Freedom, "What Is Coast FIRE?" June 10, 2019, https://fourpillarfreedom.com/what-is-coast-fire.

需要大约 100 万美元的投资资产才能退休。假设你 30 岁,想在 65 岁退休,你有 35 年的时间让你的投资产生复利。基于 5% 的年回报率(这是相当保守的),你需要在 30 岁之前投资 18.2 万美元,才能在你想停止工作的时候成为百万富翁。

拥有这 18.2 万美元不会让你突然实现财务自由,但投资和复利可以让你停止储蓄。你所要做的就是每年赚足够的钱来支付生活费用。理论上可以在未来的 35 年实现平稳滑行财务自由。

慢速财务自由和平稳滑行财务自由都会让你在实现财务自由很久之前就获得财务自由的好处:更好地掌控生活和安排时间。越早开始,复利的效果就越强大。如果你在 20 多岁就开始,你的财富就会呈指数级增长。

了解了这些新定义,我们能够发现慢速财务自由和平稳滑行财务自由都在试图解决财务自由的两面性,是我们生活中最重要和最不重要的方面。

但怎么可能两者兼而有之呢?

金钱是幻景

到目前为止,我们已经使用各种隐喻来谈论金钱:欠条、势能、幻景。这些词语说明我们经常过分强调金钱的重要性以及它在我们幸福中的作用。杰森和莉兹就是最好的例子。他们发现,实现他们的财务目标并不能提供更多的满足感或身份实现感。此外，托尼发现当洗碗工比不工作更有成就感。

那么，他为什么这么急着退休呢？

想想马斯洛的扁平金字塔，我们需要钱来购买必需品，但金钱不足以提供更深层次的幸福感和成就感。更重要的是，我们很容易沉迷于金钱本身，而忘记它是一个伪目标。我们被金钱的幻景和财富崇拜所引起的恍惚状态分散了注意力，我称之为"财迷心窍"。

金钱是幻景，也是一个伪目标，一个没有幸福感的假想目标，因为金钱不是真正的成就。让我们花点时间了解一下**遗愿清单**这个概念。

遗愿清单，是指一个人一生中希望拥有或完成的经历、成就的汇编。

你会注意到"经历"和"成就"这两个词可以与"目标"互换。没有人将特定的净资产数放在他们的遗愿清单中，这样做会让人感觉违反人性。重要的不是金钱，而是金钱允许我们做什么。正如格特鲁德·斯坦（Gertrude Stein）在《每个人的自传》（*Everyone's Autobiography*）中写的那句名言："那个地方没有什么重要的东西。"[1]

那么，我们为什么要向这个伪目标祷告呢？

---

[1] Gertrude Stein, *Everybody's Autobiography* (New York: Random House, 1937).

为什么我们要为了银行账户而放弃经历和成就？

为什么我们认为只要有足够的钱，一切都会变得更好？

这些问题的答案在我发现财务自由理念的那一天就开始在我的脑海里萦绕。这就是为什么我和杰森、莉兹一样，发现了自己的财务成功是如此令人迷失方向和沮丧。我一生都专注于金钱，原因很简单，与专注于其他与众不同的目标相比，财务目标更容易，压力更小，更容易被朋友和家人接受。与我的那些临终患者不同的是，我以为我拥有更多时间来思考我更深层次的需求和愿望，所以我专注于最容易实现的目标。

我成了"财迷心窍"的受害者，摆脱的唯一方法就是学会看穿它。

专注金钱正在遏制我们的成长

财务自由最初对我来说很困难。作为一名普通内科医生，我挣扎着，试图对抗过度疲劳，但经常以失败告终。一次完全偶然的机会，吉姆·达勒（当时是一个陌生人）打电话让我在我的医学博客上推荐他的书《白大褂投资者》（*The White Coat Investor*）。在金钱和投资方面，我一直认为自己很精明，但绝不是专家。我抓住了学习新东西的机会。

他的书改变了我的生活。我很快发现我已经实现财务自由了。我可以辞掉我的工作，再也不用工作了！手舞足蹈庆祝的冲动持续了几分钟，然后我开始心烦意乱。

由于财务转型来得如此突然，我的情绪觉醒绝非一帆风顺。在发现我已经财务自由的震惊之余，一种陌生的、意料之外的恐惧悄悄地爬上了我的心头。随着时间的流逝，我不受控制地陷入了深深的沮丧中。

起初，我完全不知道我为什么会这样。我沉浸在焦虑和恐惧中，同时为没有感到兴奋而内疚。

- 这不正是我想要的吗？
- 为什么我感到羞耻而不是骄傲？
- 为什么我的感觉不是很好？

因为我掉进了一个陷阱——财迷心窍，这个陷阱我后来在杰森和莉兹的经历中也察觉到了。对金钱的态度、担忧和恐惧在大部分人的生活中扮演着非常重要的角色。虽然这些担忧在我们琐碎的生活中起到很多破坏性影响，但也起到一些保护作用。

当你孤注一掷地去实现财务自由，紧盯着你的净资产数字时，你会把其他一切都推到一边——你的梦想、抱负和遗愿清单。你变得如此执着于财务自由这个伪目标，以至于其他一切都变得不重要了。为什么我们不应该这样呢？

专注于金钱很容易，因为它是可以量化的。它可以被测量和监控。金钱这个衡量标准很单一，赚钱的方式也很直接：忙于工作，发展副业，富有野心地投资。具有简单答案的具体问题比实现目标和自我这些难以捉摸的问题更具吸引力。与临终患者不同，我们有更多的时间来考虑这些事情。看清"财迷心窍"，就要认识到生命是有限的，就要接受这样一个事实：我们可能会在没有实现我们真正目标的遗憾中死去。

我们很难接受这一事实。

当我们不再有财务困扰时，财务自由这面镜子不仅反映而且放大了所有遗留下来的不足和恐惧，这些恐惧在我接触过的患者中出奇地一致：在目标、身份和社会联系方面的恐惧。他们担心没有过好这一生，担心在遗憾中死去。

我发现，这些年实现财务自由的人也会遇到与我的临终患者相同的人生复盘问题。唯一的区别是，对那些财务自由的人来说，这些问题发现得更早，在他们还年轻力壮的时候就发现了这个问题。我意识到金钱和财富正在遏制我们的成长，它分散了我们对真正重要事情的注意力。"财迷心窍"模糊了我们的判断，以至于可能需要被诊断出绝症才会幡然醒悟。

我们没有考虑这些对日常情绪健康、身份实现和生活满意度影响最大的关键人生要素：目标、身份和社会联系。这些都是宏大的概念，让我们分别了解一下。

关键人生要素之目标

陷入"财迷心窍"陷阱中的人经常说服自己，财富是生活的驱动力。在这些人看来，沉浸在开源节流、制定预算、物质消费和投资理财中是一种乐趣。此外，在这个过程中有许多目标和里程碑都是可以量化的，这些肉眼可见的成就让人感觉不错。

感受到财务成功的好处后，我们会在工作和副业上加倍努力，来赚更多的钱。收入流更多成为更难实现但更让人满意的乐趣。我们对**净资产**的痴迷在一瞬间变得如此令人满意，然后我们晕了。

> **净资产，**是指个人、公司或家庭，考虑到所有资产和负债后的总财富。

接下来该怎么办？我们该实现什么更大的目标？虽然躺平、玩乐和旅行在短期内非常有吸引力，但人最终还是要过有勇气、有目标的生活。既然我们不再受制于金钱，那么成为最好的自己是什么样子的？回答这个问题让我们第一次察觉到了金钱带来的幻景。我们开始看到生活的本来面目，而不是一些以财富为中心的愿景。

我们意识到，还有更高层次、更重要的，与薪水无关的事情要做。

"财迷心窍"是典型的将马斯洛金字塔分层的危险例子。忽略塔尖的需求而只专注于底层的需求似乎符合金字塔的逻辑，但往往会导致抑郁和焦虑。我们必须能够超越生理需求，满足自我实现需求。这是新一代实现财务自由的人的挣扎，也是我那些临终患者的遗憾。我们必须在实现财务自由之前思考我们的人生目标，当然也必须在我们成为临终患者前思考。

- 你是否利用这些财富去积极地改变世界或自己？
- 你有没有利用你的知识、资源，也就是你的资本去做一些有意义的事情？

什么事情是有意义的完全取决于你自己。以安妮为例，她是一位退休的英语老师，在我认识她之前的十多年，她就辞去了在一所著名的城市大学的工作。她的丈夫去世了，留下安妮一人，也没有孩子或亲密的家人。在被诊断出患有癌症之前，她用书籍和杂志包围自己，找到了在她担任大学老师期间从未发现的全新事业，她重新燃起了对诗歌的热爱。她坐在熊熊燃烧的炉火旁写了数百首诗，无视楼下街道上人来人往的喧嚣。

当她的结肠癌扩散到其他器官时，她开始接受临终关怀护理。在我们相识的几个月里，她给文学杂志社寄了几首诗，期待发表。有些诗被接受，有些被拒绝。她这些日子在收到邮件的时刻最开心。

随着病情的恶化，她越来越焦躁、神志不清。我会安静地坐在她对面，让她的看护人有片刻的休息时间。当我谈到我也对写诗感兴趣时，她突然变得平静起来。即使有点精神失常，她仍鼓励我讲述我最近写的诗歌。

尽管她的生命危在旦夕，但她让我下次来时务必带一份我的诗歌给她。

安妮在睡梦中安详地死去了。在她未完成的诗集中，有我的诗，用红笔工整地标记，页边空白处有修改意见。直到她去世的那一刻，激励她的不是拥有或实现，而是朝着一个更有意义的目标前进，这就是攀登。

她想创作更好的诗歌！

当涉及目标时，没有对错之分。目标可能是拯救鲸鱼或救助城里的无家可归者，可能是学习艺术或创造现代艺术作品。上一次冒出一个让你在床上辗转反侧的想法是什么时候？你付诸行动了吗？

你的目标不必是对外的，它不必是慷慨的给予。实际上，目标可以从头到尾，完完全全是为自己的，就像本书引言里的山姆，他总是收拾好行李，准备进行另一场冒险。你的目标可以是长期的，也可以是短期的。随着时间的推移，它可以改变，甚至前后矛盾。只要有目标就行。

如果可以的话，请想象一下临终前躺在病床上哀叹自己的生活，并说："我真的很后悔，我从来没有精力、勇气或时间去做……"这句话的后半句是什么？是你自己独特的目标。如果你能够从"财迷心窍"中清醒过来，并运用好多余的财富，你可以在步履蹒跚之前很久就开始追求这些富有激情的目标。

如果你想象后仍没有自己的答案，无须担心，可能是时候深入研究你的身份了。

关键人生要素之身份

你的身份是紧跟在"我是"这两个字后面的内容。对大多数人来说，这是指我们的职业：我是一名医生，我是一名律师。身份通常伴随着重要的关系：我是父亲、我是丈夫、我是儿子。我们甚至可以考虑重大成就：我是奥运会运动员，是诺贝尔奖获得者，是某某奖项的得主。

我不是想轻视答案，但对身份的回答更像是描述事实。这些答案能回答"你的身份是什么"，但不一定能回答"你是谁"。仅凭医生这个身份，我无法判断你的智力、幽默感或职业道德感。知道你是一个父亲可能会给我一些了解，但我无法判断你的价值观或你做出具体选择的原因。

多年来，我一直认为医生是我的身份。现在我意识到，医生是我的职业，沟通者这个角色才是我真正认同的身份。你是否犯了同样的错误？你能避免落入这种陷阱吗？

虽然我的梦想都与写作或公开演讲等活动有关，但我还是把这些热爱塞给某个工作日晚上和周末。财务自由让我意识到我的爱好比我所谓的职业更让我充实。它们更好地定义了我在人生攀登的过程中想成为什么样的人。

我敢保证，你能发现你的身份中你一直回避的部分，就是那些因为恐惧或缺乏时间而忽略的部分。如果没有回避，那你不会恐慌。我们的身份有时会发生微小变化，不是那么容易明确。这可能需要一些反复尝试。你可能不得不对你习惯性拒绝的活动或人说"是"，自愿做一些你以前从未做过的事情，或者与舒适圈之外的人交往。问自己这个问题：是什么让我感觉最有活力？最能活出自我？

身份会随着时间的推移而变化，逐渐形成。没有完美的答案。试着一遍又一遍地重复"我是"这句话，看看接下来会发生什么。大胆探索你最大的梦想和内心，看看它会把你引向何方。当你觉得自己知道"我是谁"时，你的目标就会变得更加清晰，自然会带来更多的社会联系。

关键人生要素之社会联系

当一个人开始调整目标和身份时，自然就会产生更多的联系感。我们会被那些价值观与我们一致、志趣与我们相吻合的人所吸引，我们将他们视为志同道合的人。与这些人的联系，让我们的生活更有意义，更丰富多彩且富有质感。毕竟，谁想要与世隔绝呢？

在照顾临终患者时，这一点变得非常明显。女诗人安妮在最后的日子里很少休息。前来拜访的艺术家、音乐家和创意人士令人眼花缭乱。我很确定她死时是一个"富有"的女人，但你永远不会从她荒凉而简陋的公寓中察觉这一点。

对安妮来说，社会联系与目标、身份并不分离。她的目标和身份带给她社会联系。她建立了一个保护和滋养她的圈子，她可以向圈子里的人分享她的价值观、失败和胜利。尽管安妮最亲近的亲人几年前就去世了，但这并不影响她被爱和被照顾。血缘关系有时不如我们基于一致的身份认同感和目标感而选择的家人和建立的家庭重要。

你觉得和谁的联系最紧密？

这是我经常思考的问题。虽然身处一个充满爱的家庭，但我经常感到完全没有联系。我上过大型高中和美国十大联盟之一的大学，但我没有团队自豪感。当我的同学参加足球比赛和鼓舞人心的公众集会时，我在图书馆里埋头苦学，为下一次大型考试做准备。

我的职业生涯也不例外。我没有在医生休息室待过，甚至没有和一位医生同事交过朋友。在社交聚会上，我避免与新认识的人谈论我的工作。我尽力向周围的人隐藏我的职业。当时的我非常拘谨！

直到几年后，我才意识到这种拘谨与我选择的骄傲职业无关。医生这个职业本身没有错。我很窘迫是因为我外在的头衔与我内心渴望的身份不匹配。我接受的教育让我成为一名医生，但我的梦想是成为一名沟通者。这种不匹配引起了很多焦虑。

在顿悟之后，我才意识到医生并不是我的真实身份，并明白了不匹配的原因。我不喜欢被称为医生，因为我不想接受这个职业身份。当被这样称呼时，我没有骄傲，也不自豪。反而，我感到孤立，感到孤独。

只有在我放弃了医生的角色，接受了沟通者、演讲者和作家的角色之后，我才能够建立自己的圈子。那些年在医院聚会上的窘迫感在我参加个人理财会议和与作家同人讨论播客话题时消失了。我终于找到了我的圈子，属于我的圈子。友谊开始自然而然地出现，没有争执。

我感受到了更深的联系感，并能够建立一个可以滋养我的圈子，就像我滋养他们一样。

从开诊所转到临终安养院的工作，通过访谈和写作与患者建立联系是一份收入更少的工作，但它给了我金钱不能给予的价值感和目标感。学会追求这个目标是我从临终患者那里得到的最持久的教训之一。

这也是最难克服的障碍之一。有些障碍，无论是有意还是无意的，都在不断侵蚀着我们看清金钱幻景的能力，这些障碍努力地让我们维持现状，让我们从事不那么充实的活动。在传统职业方面尤其如此。

当心"再过一年综合征"和"金色手铐"

在实现我们独特的目标、身份和社会联系的过程中，很少有外部动机比"再过一年综合征"和"金色手铐"潜伏更深的了。这有两个方面的原因，一种是从我们内部产生的，另一种是由我们雇主施加的，被用来灌输恐惧和促使我们反对变化。

"再过一年综合征"这个名字很贴切。即使在实现财务稳定或独立之后，我们也会成为"要是……怎么办"的受害者。要是……

- 市场崩盘了怎么办？
- 房地产价格蒸发了怎么办？
- 没有医疗保险怎么办？

紧接着，更困难的问题出现了：

- 工作之外我是谁？
- 如果现在的选择就是最好的呢？
- 我的生活真的会失去意义吗？

于是我们决定再做一年没有成就感的工作，因为我们害怕。再做一年又有什么危害呢？继续下去有很多好借口：额外的钱，更多的时间来计划未来，甚至是公司的医疗保健。然后一年过去了，我们再次进行同样的内心挣扎，没有任何改变。几年过去了，几十年过去了。我们最终可能会积累比我们需要的更多的物质财富，但我们并没有更接近更多的幸福感和自我实现。我们只是在推迟这些困难的工作。

雇主已经察觉到了我们的恐惧，并利用这些恐惧。因为他们知道更换关键员工并提供必要的培训的代价是多么昂贵。

"金色手铐"是哄骗疲惫的员工留在原地的有效方法。股权、股票、年终奖和养老金，所有这些需要工作几十年才会生效的"金色手铐"都在等待着成功的员工。你怎么能让这么多钱白白溜掉？

金色手铐，是指雇主提供的福利，通常是延期付款，以阻止雇员跳槽或退休。

我们之前对"足够"的定义以一个外在的货币目标为前提，这是对我们战斗到底、永不放弃"梦想"的奖励。我们将多工作一年或让雇主在我们面前炫耀奖金当作对自己的激励。不过，我鼓励你把攀登，即朝着一个有意义的目标持续前进，看作真正的目标和更重要的工作。对你有意义的事情与你独特的目标、身份和社会联系有关，与你的净资产无关。

秘诀当然不是放弃我们的事业，也不是否认赚钱在我们人生目标中的重要性。但是，我们如何更好地调整职业生涯，同时忠于我们的基本目标和身份呢？

在这方面我有一个一直以来都很好用的做法，同时也是第3章的主题，那就是"做减法"。

练习2：寻找你的身份、目标和社会联系

1. 在下周的日程安排中选择 2~3 天，每天腾出 1 小时。在此期间，找一个安静、舒适的地方，确保关闭所有电子设备，让身体得到充分休息，没有饥饿感，然后集中你的注意力。

2. 准备一支铅笔和两张空白的纸。在一张纸的顶部写"身份"两个字，另一张纸的顶部写"目标"两个字。

3. 在"身份"那张纸上，写下"我是……"，剩余的空白部分写下你对自己身份的回答。如果需要，可以对它们进行编号。你很可能从你的工作身份开始，也可能从你在关系中的身份开始，如"我是母亲""我是女儿"等。不要害怕把简单的身份写下来。

4. 接下来，更深入地挖掘过去的工作、人际关系和成就。可以思考：你还有什么是别人不知道的？你在努力成为谁？你梦想中的"你"是什么样子的？你什么时候处于最佳状态？你什么时候感觉最自我？

5. 你可以将笔放下数小时或数天，之后再继续补充。询问朋友或家人他们眼中的你。他们描述的与你想的相符吗？他们是不是看到了你没有想到的方面？

6. 现在转到写有"目标"的那张纸，列出你独特的目标和梦想。如果你很难定义这些，那就想象自己生命所剩无几，然后重新思考这个问题：我真的后悔我从来没有精力、勇气或时间去做……

7. 现在看着这些目标清单，为什么这些梦想和目标对你很重要？根据重要程度排出 5~10 个项目，无论它们涉及事业、家庭、人际关系、金钱，还是生活中的其他领域。

8. 与无关紧要的事情相比，你有多少时间用于这些目标？你的时间使用情况是否与事情的重要程度保持一致？你可以做些什么来纠正这种不匹配？对金钱的专注阻碍了你纠正这种不匹配吗？

9. 最后，一起查看这两张纸。它将帮助你想明白自己的身份和目标。你现在被哪些团体、社区和个人所吸引？本次练习中问题的答案将如何帮助你与他人建立联系？

第 3 章
"做减法"的艺术

你热爱你的工作吗？我敢打赌，很多人会回答"不"。迄今为止，我父母给我的重要遗产之一是他们不仅喜欢，而且热爱自己的工作。我母亲是一名会计师，她职业生涯的大部分时间都在服务小企业。如果不是因为健康问题，我想她会永远做这份工作。我继父将他作为医疗保健主管的成功管理经验又投入到繁忙的咨询业务中，所以直到今天他仍在工作。提早退休不是他们的目标，财务自由也不是。他们的工资收入，为他们提供了足够的财务支撑。

在许多方面，财务自由的意义不仅取决于你的收入来源，还取决于你对工作的感受，以及它是否允许你追求自己独特的目标、身份和社会联系（无论是在工作之中还是在工作之外）。在本章中，我将分享我如何开始将财务自由视为做减法的艺术。随着我对财务自由越来越认真，我开始减去我工作中没有成就感或不令人满意的部分。然后，我将做减法的艺术应用于工作之外的生活。

生活也随之变得简单。我喜欢哪些工作？我宁愿放弃哪些工作？

你可能会认为思考这些问题为时过早，或者更适合富人和即将退休的人，这一点我完全不同意。如果你问我在工作中学到了什么，那就是未来是一份礼物，而不是保证。所以思考这些问题，没有比现在更好的时间了。

当下的紧迫性

被诊断出患有绝症是不幸的，这意味着几乎没有一线生机。可能唯一积极的一点是，临终患者完全清楚当下的紧迫性和活在当下的重要性。

这是一个很小但相当重要的馈赠。

我们中有多少人活在"一旦我有……"的一系列想法中？一旦我有了另一半，我就会放慢工作速度；一旦我有了闲钱，我就会去度假；一旦我有了100万元，我就会停止加班。这个清单很长，通常还有一系列相关的"一旦我成为……"假设。一旦我成为一名医生，我就会很高兴。

有时我们会花很多时间谋划一个不确定的未来而轻视当下，这样做是完全有必要的。我在第2章中已经说过，但我还要强调一遍："种树的最佳时间是20年前。"我们必须考虑明天，谋划未来的幸福。除非我们今天接受充分且艰巨的训练，否则我们终有一天无法享受自己的职业；除非我们尽职尽责地储蓄和投资，否则我们将无法享受晚年退休后的舒适。

然而，延迟满足是有代价的。棉花糖实验是 1972 年由斯坦福大学教授、心理学家沃尔特·米歇尔（Walter Mischel）主导的一项关于延迟满足的研究。在这项研究中，每个孩子都面临两种选择，一是可以立即得到一个棉花糖，二是等几分钟后可以获得两个棉花糖。① 与实验中的许多小孩不同，"财务自由，提早退休"这个群体中的大多数人都以优异的成绩"通过"实验。延迟满足能获得更高的奖励，但这些人也会忘记偶尔选择立即吃"糖"带来的满足感，并厌恶立即吃"糖"的后果。心血来潮的想法并不总是坏事，它也可能滋养我们。同样重要的是，谁都无法保证我们的未来。我们可能今天就离开人世，在桌子上留给别人两个棉花糖。

那么我们如何分辨这两个极端呢？什么时候该考虑当下的紧迫性，什么时候该考虑未来并延迟满足？是否有可能充分平衡两者？

让我们来探讨放大这两个极端的概念："人只活一次"和"机会成本"。平衡这两个概念对于掌握做减法的艺术至关重要。

"人只活一次"是不可能的

过去，我错误地信奉现代"财务自由，提早退休"群体坚持

---

① Walter Mischel, *The Marshmallow Test: Mastering Self-Control* (New York: Little, Brown and Company, 2014).

的观点，即抱着"人只活一次"的心态不利于勤俭持家。但现在我发现自己会向任何愿意接受的人重复同样的话："人本来就不是只活一次。"

我觉得人不会只活一次。在平均80多岁的寿命里，人们会经历许多新的开始。有新的一天和新的几十年，新的职业和新的关系。变化从未停止，我们不断地开始或结束人生的一个阶段。

我认为，当你怀着"一旦错过这一刻，我就永远错过了"这样的想法而做出经济决策时，你就是出于恐惧和短暂的享乐主义来消费。实际上，人生的每一个新阶段，尤其是年轻的时候，都会像一个新的开始。虽然智慧在积累，但新的开始比比皆是。

我过去认为，当年轻人花钱享受他们只活一次的生活时，他们最终会面临许多新的人生问题，他们会变得贫穷，因为他们没有准备好充分享受生活的物质基础。想想年轻的父母或新退休的人有足够的经济支持来实现他们的旅程时，那才是真正的快乐。

我们不要忘记金钱是可以复利的。如果你将"人只活一次"发挥到极致，你的银行账户就可能空空如也。空的银行账户可不会成倍增加！但如果你在职业生涯开始时就做出牺牲去储蓄，财富的积累速度要快得多。当你步入中年时，你将拥有足够的资金去过比你想象中舒坦的只活一次的享乐生活。

对我来说，人只活一次是一个只关注恐惧的战斗口号：因为你只活一次，你害怕在机会永远消失之前没有抓住它。

后来我开始照顾那些临终患者，他们愿意为一点点时间或一些更难忘的经历捐出任何数量的钱。

我对人只活一次的态度怎么可能不改变？

从那以后，我开始相信我们的大部分支出应该花在快乐或必需品上，而不是恐惧上。要成为做减法的大师（接下来的篇幅会描述），就要认真区分我们生活可以没有的和不能没有的东西。我们总是对新的风险持开放态度，因为我们的一些资金可以在投资中复利。你的金钱应该用来拥抱美好的事物，而不是追逐短暂的东西，也不应该永远被锁在某个银行账户里。

当然，也存在机会成本这样的东西，但在大多数情况下，这是一个谬论。

机会成本谬论

我们总是根据机会成本做出决策，但我们对此浑然不知。机会成本就是选择一个选项而放弃另一个选项的代价，在此过程中，由于没有选择另一个选项而错过了它能带来的好处。你是否在金融论坛中看到某位网友因炫耀昂贵的消费而受到谴责时，只能默默"潜水"？谴责者认为，这些钱应该用来投资，复利到更高的金额才是明智的。

如果金钱是最重要的既定目标，如果你已经深陷"财迷心窍"的陷阱，那么这个论点是完全有道理的。我把这个误解称为机会成本谬论，即相信金钱（无论复利与否）的价值超过你所交换的东西。让我们更深入地研究一下。

一种反复出现的信念加剧了机会成本谬论：我们失去了让钱复利增长的机会。虽然这种信念是正确的，但这种权衡并不一定值得。例如，某些经历可能一生只发生一次，非常值得花费。

埃内斯托是一位身患白血病的中年男子，病情迅速恶化。他向临终关怀护士讲述了他攀登珠穆朗玛峰的故事："我之前整整一年都没有外出就餐，没有出去旅行！"

有些牺牲影响了他的生活方式和他的银行账户。然而，当他躺在床上等待死亡的时候，想起的不是那些失去的奢侈品和失去的收入，他记得的是当他登到山顶时，感受肌肉因兴奋而颤抖的极度喜悦。这笔钱花得值。

想象一下，你的财务状况稳定，有足够的钱。一旦你的投资和副业赚取的收入能够覆盖你的年度开支，剩余的钱都是额外的。会不会有一段时间，花几千美元（你有钱的话，也可能是花几十万美元）对你的生活没什么影响？并且，房间里挂的那幅美丽的画，或者车道上的那辆跑车，实际上可能会给你带来真正的快乐，持久的快乐。

虽然规划未来并为舒适的退休生活而储蓄，是对自己的财务负责任，但它不应该以牺牲当下的紧迫性为代价。我们必须记住，机会成本不能只计算金钱。经验、人际关系和知识，也会随着时间复利。作为人类，我们需要食物、空气、住所。有时我们还需要渴望、冒险，体验花高价买东西。用财富换取享受和回忆并不可耻。钱本来就是用来花的。

你可以同时拥有应急储蓄基金和及时享乐基金，这可能是协调未来与当下的最简单方法。花钱、请假，甚至肆意妄为都可以出现在你的生活里。这样，当机会出现时，你可以享受意外之喜，而不是让它破坏你所有的计划。你可以通过随时打包好的行李，信誉良好的银行账户和值得为之奋斗的职业来满足当下的紧迫性。

如果你还难以理解机会成本谬论，那是时候求助慢性病患者和临终患者了。他们的想法是什么？

临终患者的遗憾

澳大利亚作家、词曲作者和临终关怀护士布罗妮·韦尔于2012年开创性地写了一本叫《临终五大遗憾》的书。[①] 在为那些生命处于最后几周的人提供临终关怀和治疗时，她会问这些患者：如果有更多的时间，生活会有什么不同？最常见的答案被归为世界上最著名的五大遗憾，即"临终五大遗憾"。

- 我希望过忠于自己内心的生活，而不是活在别人的期望里。
- 我希望花更少的时间在工作上面。
- 我希望勇敢地表达自己的情感。
- 我希望多和朋友联系。

[①] Bronnie Ware, *The Top Five Regrets of the Dying: A Life Transformed by the Dearly Departing* (Carlsbad, CA: Hay House, 2012).

- 我希望自己活得更快乐。

你看看上面列出的这些遗憾，是不是觉得时间紧迫，人只活一次，没有那么多时间考虑机会成本。例如，"我希望过忠于自己内心的生活"，这个遗憾带着未实现和延迟梦想的不甘。如果可以，与其推迟我们的遗愿清单项目，不如在为时已晚之前，在达到"一旦我有"或"一旦我成为"这些烦人的要求之前，去追求它。没有什么时候比得上当下。请活在当下！

"我希望花更少的时间在工作上面"道出了延迟满足的危害。虽然我们必须为未来做计划，但延迟满足还是太久了。正如第 1 章所指出的，我们的工作时间比以往任何时候都多，工作日晚上和周末的加班也更多，假期也越来越少。我们正被"财迷心窍"所蒙蔽，将金钱视为一个目标，而它本来只是一个工具。我们没有利用我们宝贵的势能来完成对我们真正有意义的事情。

第三个和第四个遗憾可能不会直接涉及金钱问题，但教训同样深刻。我们必须有勇气做艰难的事情，放弃更容易走的道路，立刻去做我们可能会推迟到明天的事情。

回顾一下前文关于金钱是否可以买到幸福的讨论，让我们看看第五个遗憾：我希望自己活得更快乐。研究人员衡量的两种幸福类型是情绪健康和人生评估。大量研究表明，一旦我们解决了基本需求和安全需求，金钱的影响力将会变得有限。

那么，我们领悟这些临终遗憾后，如何活学活用，帮助我们改变或追求生活呢？我们如何理解当下的紧迫性，如何保持适度的享乐主义，而不是成为机会成本谬论的受害者？也许我们应该问问山姆，在他去世之前，他总是收拾好行李，去体验异国风情。他意识到自己不能带走钱，所以他像死了一样坦然度过了他生命的最后日子，因为他确实快死了。在我们的身体条件变得极差之前，如果我们这些处于人生中段的人能够活在当下，那不是很好吗？

我本可以活得快活点

在那些艰难的岁月里，当时我正在建立事业，积累财富，支撑我的家庭，我本可以多用一点"人只活一次"的态度。我却成为"一旦我有／一旦我成为"综合征的典型受害者。我是一名执业医生，我推迟了与家人、朋友一起去澳大利亚、莫斯科医学院以及和孩子们去意大利的千载难逢的旅行。我延迟了满足，忽略了当下的重要性，因为我总是忙于工作。我不知道自己正在朝着某种虚无缥缈的金钱目标前进，朝着我没有定义好的不太可能给我满足感的"足够"目标前进。我正在成为墓地里最富有的人。

我的行李没有打包，我无法一头扎进突然出现的生活妙想中。我从来没有给自己一个放肆生活的机会，发自内心地放下未来，花一点钱来获得即时的满足。我父亲40岁去世的事实本该让我意识到活在当下的重要性，而现实却是我没有。

也许我害怕和父亲有同样的命运，对死亡的恐惧阻碍了我。

专注于财富积累比探索自己的目标、身份和社会联系等这些困难的问题要容易得多。我努力直面死亡，告诉自己，我可能下周、下个月或下一年会像父亲一样不幸离世。如果我闭上双眼，只专注于财富积累，那么一切都会好起来的。我咬紧牙关，糊里糊涂地从事着一个没有满足感的职业，因为它能减轻我对更深层次的困难问题的担忧。

为什么我没有勇气过忠于自己的生活？为什么我这么努力工作？为什么我没有勇气表达自己的感受？为什么我不与朋友保持联系？为什么我不允许自己过得快乐呢？

我注定要落入"财迷心窍"的陷阱，却浑然不知。直到2014年一个安静的冬日，我的人生轨迹发生了重大变化。

在办公室接诊时，我接到了吉姆·达勒的电话。阅读他的书我才了解财务自由这个概念，我才意识到我有足够的钱，我可以利用宝贵的时间和职业生涯去做任何想做的事情。

摆脱职业的经济束缚帮助我发展了一种超能力，我现在认识到，无论一个人目前的财富如何，正确处理金钱和目标之间的鸿沟至关重要，那就是"做减法"的艺术。我可以轻易地减去职业生涯中对我提升无益的所有方面。我只需要问自己这个简单的问题：这项工作是否让我对目标、身份或社会联系有了更深层次的了解？

我成了"做减法"的大师。我立即停止了工作日晚上和周末的工作，把这些工作交给别人。

然后我减少了与患者的电话沟通。谁愿意经常在半夜被吵醒？

每当我减去一项不愉快的任务时，工作的样子就会更符合我内心的愿望。当我完成减法时，临终关怀是唯一剩下的工作项目。这是我医生工作的一部分，即使我没有得到报酬。

这不是最好的试金石吗？如果钱不是问题，你会留下什么？

我并非不知道这样一个事实，即当我成为做减法的大师时，我已经在经济上处于非常优越的地位。多年来，医生这个职业让我的净资产一直在增长，并为我提供了相当大的选择空间。你可能觉得你无法从一个如此强大的起点开始做减法。也许你有学生贷款要还，或者正在为最低工资的工作而苦苦挣扎。然而，这不应该阻碍你在生活中好好权衡你的财务和幸福。你可能会发现自己处于可怕的境地，就像我妻子小时候与她的家人所遭遇的一样，你会怎么做？

1979 年对我的岳父来说是毁灭性的一年。由于伊朗国家政权的动荡，我的岳父被捕入狱，因为他担任了与前任政府有联系的跨国公司的首席财务官。在他获释后，他面临着一个令他终生难忘的艰难抉择：留在伊朗，被声望、财富和家族的一切所包围；或者离开伊朗去美国，获得人身安全和自由。

有一天，这个家庭悄无声息地离开了，留下了房产、银行账户和薪水丰厚的工作。他们来到伊利诺伊州的芝加哥，只带了几包衣服，开始贫困的生活。我的岳父辞去了高薪的首席财务官职位，去做没有受过高等教育的人都可以胜任的记账员工作。我的岳母，一个伊朗富裕家庭的骄傲女主人，找了一份照顾邻居年幼双胞胎的保姆工作。

他们不得不成为做减法的专家。他们根本负担不起任何非必需的东西。他们五个人没有住在宽敞的四居室的房子里，而是挤进了一间两居室的公寓。全新的伊朗服装换成了旧货店的二手衣服。在美国的第一个十年里，他们甚至从未考虑过在餐馆吃饭。

随着经济条件更好的朋友和家人来到美国并获得了稳定的工作，我妻子一家发现他们被落在了后面。他们不再拥有财富和成功的外在物质标志，而这些都是他们移民之前的标志。当他们的亲朋好友在购买奔驰和宝马时，我的岳父却被一辆几十年前的二手车困住了，跟亲朋好友攀比的压力巨大。

但我的岳父一家没有屈服于压力。他们小心翼翼地攒钱，最终得以搬出公寓，住进一间三居室的普通住宅。我的岳父在鞋店工作时曾被枪指着脑袋，但他还是拿着微薄的积蓄，用这笔钱作为首付，买下一所房屋。就像离开伊朗的决定一样，他精心的计划让他能够运用做减法的艺术，摆脱已经变得令人厌倦和危险的工作。这所房屋带来的收入将在未来几十年里支撑他的家庭。但就像他勇敢地做出其他决定一样，这是有代价的。他经常不得不在半夜不顾一切地做紧急维修工作，因为他请不起一个杂工。

我的岳父现在快 90 岁了，他花了很多时间回顾他的生活，就像我的许多临终患者一样。尽管他一直为不得不离开伊朗而感到遗憾，但他不会说这样做不值得。把财富和声望抛在身后，放弃实际价值较低的奢侈品，因为这些东西永远是次要的。现在他可以看着自己的孩子和孙子茁壮成长，也拥有了自由、机会和安全，当初做的艰难决定是值得的。

"反正开一辆昂贵的汽车也没有多好！"

在最严峻的情况下，你还能减去什么来成为做减法的大师？你能换份工作、换个城市或换种生活吗？你有什么杠杆可以利用？

财务自由是一个杠杆

做减法的艺术帮助我意识到财务自由不仅仅是金钱方面的。你对自己的工作感觉如何？你靠它生活吗？它是否有额外的意义和目标？如果是这样，那么即使对那些金库不够满的人来说，财务自由也是可能的。如果没有，那么最好将财务自由视为更传统的杠杆。

让我们回到我父母的例子。在支付了他们孩子所有的大学教育费用后，我的父母在注册会计师（CPA）和医疗保健顾问的工作中赚了足够的钱用来退休。然而，他们当时都觉得自己会继续在职业生涯中探索。他们花了一辈子的时间来积累，创造了一个极其强大的杠杆，一个他们决定不撬动的杠杆。他们都没有准备好结束自己的职业生涯。

但这并不意味着他们没有选择。做减法的艺术一直是他们做决策的依据。随着事业的发展，他们能够改善自己的日常生活，增添他们喜欢的东西并减去多余的，达到收支平衡。

在我自己的生活中，随着我的经济状况越来越稳定，我也经常做减法。我慢慢地放下了没有成就感和满足感的工作内容，然后放下那些我过去在家里不喜欢做的事情。

例如，我不喜欢修剪草坪。然后，抉择就变得非常简单。我更喜欢（或更不喜欢）什么：是在工作中做一些更单调的任务，还是回到家里整理一个凌乱的院子？对我来说，这个问题很容易回答。

工作中有很多任务需要我完成，但这些任务不像修剪草坪那么枯燥。我的薪水可能没有以前那么高，但我会赚到足够的钱来聘请草坪护理服务人员，并为其他一些我不喜欢的家务劳动支付报酬。

我知道你现在在想什么：这个问题对你来说可能很容易，可要是我受不了我的工作该怎么办？

我不想提"你应该热爱你的工作"这种建议。许多人都不热爱他们的工作。实际上有一些研究表明，20世纪80年代以来，美国居民的工作满意度一直在稳步下降。2010年以后，工作满意度有所上升。[1] 但最近创纪录的被称为"大辞职"的失业潮，表达了美国公众对工作的广泛不满。世事两难全，传统的提早退休可能是你的最佳选择，没什么可羞耻的。这时，勤奋的储蓄和投资变得极其重要。要想退休没有后顾之忧，只有坚持储蓄。

其实，我们大多数人并不讨厌工作。

---

[1] G. Levanon, A. L. Abel, A. Li, and C. Rong, "Job Satisfaction 2021," The Conference Board, https://www.conference-board.org/pdfdownload.cfm?masterProductID=27278.

更可能的情况是，你还没有足够的钱退休，对工作感到不知所措，谈不上热爱也谈不上讨厌。谁不是呢？绝大多数人都一样。这就是着手建立通往传统财务自由的桥梁为何如此重要。你可能不想完全改变现在的生活，但你又感受到了现实的紧迫感。那慢速财务自由和平稳滑行财务自由这些替代方案是不错的选择，这两个方案能让你的退休之路无比顺滑。你可以花点时间规划理想的资产配置，填充你的个人退休账户（IRA）、教育基金账户，或等待你的孩子长大。

同时，你可以使用做减法的艺术快速提高你的生活质量。也许选择兼职工作或放弃难搞的客户会让你的收入大减，让你的退休日期推迟。但让你的生活轻松一点难道不值得吗？即使你的财务状况尚未完全稳定，你该做何抉择？

当我们重新思考我们与工作的关系时，我们摆脱了弱者的想法，开始掌控我们的时间。做减法的艺术赋予我们力量，让我们得以掌控自己的人生。

如何决定减去什么

做减法的过程应该像使用手术刀而不是舞剑，设计人生是一个需要小心处理的过程。没有经过深思熟虑，你很容易做出一个让你后悔的决定。在当医生时，很多次我都差点做出会让我后悔的决定。很多次我走出办公室，发誓再也不回来了。值得庆幸的是，经过冷静的思考，我意识到那只是我短暂的情绪。在放弃任何工作之前，认真考虑后果是很重要的。我通常会问自己几个基本问题。

这项工作是否增加了我潜在的目标感、身份感和社会联系感？当我意识到我实现了财务自由时，我的第一反应是完全远离医学。我对医学的热情耗尽了，是时候放弃它了。不是只有医学领域的人才有这种想法，任何工作职位的人都可以感受到这些真实的情绪，可能你也感受到了。你能怪我想放弃吗？

经过更深入的思考，我意识到作为一名医生的核心，即帮助和教导，仍然是我身份的一部分。熬夜、麻烦的文书工作以及缺乏与患者相处的时间是我不想要的。我还意识到，医学在我的身份中的分量很重。我不想完全放弃医学，我只是想为创造力和沟通创造更多的空间。

怎么权衡？生活不可能完全没有压力。有时候，为了追求我们真正想要的东西，我们不得不忍耐一段时间。我们不应该仅仅因为不喜欢而立即抛弃一项活动。

虽然我一直喜欢写作，并梦想成为一名作家，但我很讨厌编辑和重写的过程。然而，我做出了权衡，以最终实现我的目标。

尽管埃内斯托对攀登珠穆朗玛峰大本营的回忆很快乐，但有些回忆他不想记起。他为攀登忍受了多年的强身健体训练，每天早晨 5 点开始，过程很煎熬。但他清楚地知道权衡取舍，并愿意做不愉快的事情，以便最终完成对他来说非常有意义的事情。

我是否使我的圈子，甚至是世界受益？多年来，乔是许多非营利性董事会的资深人士。他曾担任过许多成功的公司和慈善机构的高层。虽然他的前列腺癌细胞已经扩散到骨头，但他不得不取消与临终关怀护士的会面，登录视频会议软件Zoom，为一个慈善机构主持紧急董事会议。我随口说道："你一定很热爱你的工作。"

他回应我说："那些会议让我感到厌烦！"

但是，乔知道，他的专业知识正在改变其他人的生活。他可能并不总是喜欢那些时时刻刻打扰他的乏味会议，但为慈善事业服务与他的自我认同感和目标感息息相关。

像埃内斯托和乔一样，我们必须谨慎决定从我们的生活中减去什么以及思考为什么。我们必须记住，尽管有时攀登可能很艰难，但这并不代表我们要放弃重要的目标和梦想。我们不应该轻言放弃。

我们不仅应该反思我们的工作，而且还应该反思我们的支出。我花钱是为了"跟别人攀比"吗？每月预算中有多少分配给最终对我们的生活几乎没有价值的物品或活动？它们可能会创造成功和幸福人生的表象，但实际上，这些物品和活动将我们直接置于无情的跑步机上。我们跑得越来越快，但没有更接近自我实现这个目标。减去不必要的购买项目和没什么用的奢侈品，可能会使减少工作时长成为现实。结束了朝九晚五的工作后，我们还能完成多少对我们有益的工作？可以与家人和朋友共度多少时间？

尽管你可能不太擅长管理预算，但这不妨碍你在做支出预算时使用做减法的艺术。实际上，我的家庭正遭受这个问题的困扰。

但是，我们使用了一个叫作"无预算"的概念。

做减法和无预算

我们经常看到关于预算的提示和技巧，让我们把钱花在刀刃上。因为我们中的许多人每年能赚多少钱是有限的，为了加快我们实现财务自由的速度，我们必须对我们如何花钱这件事时刻保持警惕。有几种方法可以完成这项非常重要的任务。我们中的一些人天生就是追踪者，喜欢使用应用程序和电子表格。我们做预算，一般是每个月登录应用软件如 Personal Capital 或 Mint，或者利用好老式的纸笔，逐行对花销进行分类。我们确切地知道每一分钱的去向，并尽最大努力减少浪费。虽然这可能对某些人有用，但我更喜欢用我称之为无预算的方法。我承认，我家里都是一群做事没有条理、从不做预算的人。我们家的成员似乎都有注意缺陷，完全不是像会计师那样严谨细致的风格。因此，我们必须找到新的预算方式，而不是许多善于储蓄的人所采用的精确到分厘的预算方式。

我们解决这个难题的简单方法是将节俭融入我们的日常习惯。多年来，我们已经养成了一些节俭习惯，几乎不需要思考和花费精力。事实上，在很多方面，我称之为懒惰或低能耗的预算。

你怎么能像我们这些不做预算的人一样不费吹灰之力地省

钱？这里有一些简单的建议。

1. 我们很少携带现金，几乎从不使用移动支付。如果你碰巧和我一起参加会议，不要指望我会在自动售货机多花一分钱。我的钱包里也几乎没钱。对一个收入丰厚、夫妻都是专业人士的家庭来说，这是难以置信的。但是，如果你没有唾手可得的现金，也就不太可能在需要现金支付的物品上花钱。这意味着我们已经减少了自动售货机、垃圾食品和其他计划外的消费方面的支出，这些消费通常比必要的支出更随意。顺带提一下，这个习惯也有助于我们保持健康，因为我们远离了高脂肪和高糖的加工食品、饮料。

2. 我们是一个双职工家庭，但我们像一个单职工家庭一样生活。从我们的工资到手的那一刻起，一部分薪水就会自动存入储蓄账户或股票账户。没有突然的报复性消费。我们要么没有足够的支票，要么支票账户中没有足够的钱。我们设定自动化储蓄，这些储蓄在可以取出的日期来临之前都不会出现在我们的生活里。这就是生活，没办法。

3. 我们让孩子们自己做预算。我和妻子让孩子们对自己的消费行为负责。他们每年获得一定数额的零花钱。如果他们用得太快，就会自己承受后果。因此，孩子们的账目没出现过什么意外。

4. 我们很少在商店购买大件商品，也从不一时兴起购买大件商品，我们会等降价活动。我们的购买经过充分研究，通常在心血来潮地决定购买的日期和实际购买的日期之间有一个冷静期。

没有条理和不会计算并不妨碍你在消费上保持节俭和明智。对我们的家庭来说，无预算似乎控制了我们所有的支出项。它简单、有效，并且对我们日常生活的干扰最小。

我们的"无预算"是将"做减法的艺术"顺利地融入忙碌生活的完美例子。然而，总有一天，"做减法的艺术"不再抽象，它会变得不那么难懂，而是更有必要。

永远不要轻视工作

与几乎所有事情一样，这些决定也有细微差别。这个想法不是要消除灰色的阴影，而是要研究它们。我们不仅需要更加深入思考我们应该把钱花在什么地方，还需要思考我们应该在哪些方面拒绝花钱。

做减法的艺术是一个很好的起点，但它只能带我们走这么远。我与临终患者接触的经历告诉我，生命太宝贵了，不能把时间花在我们讨厌的工作上。是的，如果我们想早点退休，我们可能需要赶紧结束我们的工作，但这和做一份让我们苦不堪言的工作是不一样的。

如果你现在从事的是你讨厌的工作，那么是时候考虑立即改变了。换个雇主继续做同样的工作，这可能很简单。但如果工作本身就是问题所在，是否有其他可用的技能、激情或资源可以助你转向？

赛勒斯，我的临终关怀患者之一，经历了 20 年的教学生涯，因吸烟而患有晚期肺损伤，作为一名数学教师准备退休。他没有积累够退休的资本，非常害怕失去拥有丰厚教学养老金的退休生活。成为高中的辅导员并执教校足球队使他能继续留在学校。即使在退休多年后，他仍然在比赛期间做场边指导，直到他的呼吸问题变得非常严重。当在临终前被问及工作时，赛勒斯承认他最终热爱他的工作。

像赛勒斯一样，你的就业问题可能会有不同的解决方案，既能提供收入，又能提高你的生活质量。这就是为什么我们将在第二部分探讨我们的个人工作和生活方式，以便你思考愿意做出哪些权衡，思考哪些是决策破坏者。实现财务自由的途径有很多，关键是找到适合你的道路。

练习 3：为你的人生做减法

1. 在下周的日程安排中选择 2~3 天，每天腾出 1 小时。在此期间，找一个安静、舒适的地方，确保关闭所有电子设备，让身体得到充分休息，没有饥饿感，然后集中你的注意力。

2. 闭上眼睛，想象你打开电视，得知你中了 10 亿美元彩票。你在想是时候去酒吧庆祝了！花点时间享受一下，放松一下，再也不用担心钱的问题了，你自由了。

3. 想想你新获得的巨款将允许你购买的所有东西：新房、新车、最新的苹果手机。那是什么感觉？

4. 现在睁开眼睛，打开手机里日程安排的应用程序，或者在你用纸写下的每日计划中查看下一周安排。哪些类型的活动填满了你的一天？

5. 这些活动中有多少有助于提升你的身份认同感、整体目标感和社会联系感？哪些活动是你害怕的？如果金钱不是问题，哪些活动你会付钱给别人来完成？

6. 仔细思考，在脑海里减去所有不能给你带来快乐且不必要的活动。金钱是决定性因素吗？如果不是，是什么阻止你果断地放弃这些活动？恐惧？内疚？

7. 你现在已经按照自己的日程安排进行了以上测试，并使用做减法的艺术来使自己的日程安排更好地匹配更深层次的意义和目标。你获得了什么？

8. 最后，考虑即使你没有中彩票，需要节省多少钱才能进行这些改变。在实现财务自由之前，有没有办法实现这一目标？你可以使用慢速财务自由或平稳滑行财务自由等方法更快地实现目标吗？换工作或搬家会更好地帮助你实现目标吗？

9. 如果此时答案尚不清楚，不要有压力。这些不是有截止日期的问题。不时地思考这些问题。每周看看你的日程安排，问自己：今天可以减去什么？为什么要减去？

第二部分

**财务自由之路
不止一条**

第 4 章
三兄弟的寓言

在上一章中，我们研究了做减法的艺术。但是，如果我们误判了真正激励我们的东西，不知道自己真正想要的是什么，那我们该如何决定到底要减去什么呢？如果我们曲解了幸福的定义，那该如何设计自己的理想生活？又该怎么知道如何定义"足够"？

如果我们不清楚自己的内部动机，我们的最终目标就不会那么令人满意了。我第一次有这种体验是在我的减肥之旅中。几年前，我发现了一个名为"My Fitness Pal"的应用程序，它帮助我跟踪我的饮食习惯，包括记录每日卡路里摄入量、主要营养元素构成，甚至运动燃烧的卡路里。当我清楚地意识到自己该吃什么时，我的体重很快就减轻了。每天，我都会惊叹镜子里自己的身材变化，直到某天，我忽然意识到自己已经不再为此感到惊奇。

就在某个时点，我的头脑变得如此习惯于我轻盈的身体，以至于不再感到新鲜。嗯，我的大脑已经习以为常。实际上，我又开始捕捉我以前从未注意到的微小瑕疵。照镜子开始让我不安，我感到迷茫和困惑。当我发现这些感觉在我生活的其他方面普遍存在时，我就更焦虑了。

这就像"财迷心窍"一样令人震惊。即使你的净资产可能正在攀升，你也不会感到更快乐。除了资产负债表上的数字，再没有什么发生真正的改变了。

当你没有明确定义目标时，你该如何衡量自己提升的幅度？当你不了解自己的真正动机时，你如何沉浸在成功中？

当我们在后视镜中评估我们的成就时，我们大多数人都意识到快乐在于跨越障碍。克服绝望、制订计划、取得进步，才是幸福的本质。作为个体，真正使我们与众不同的是，我们决定走的道路及其原因。那么，我们如何利用这些知识来更深入地了解我们的财务状况，以及我们生活的其他方面？

内部动机与外部动机

从前有位老人，住在街尽头的一间小房子里。他非常喜欢那块通往他简陋住所的不起眼的草坪。附近的孩子们也喜欢这片草坪，而且特别喜欢将足球比赛的场地延伸到这片草坪上来。他们不停地践踏这片草坪，兴高采烈地毁掉了老人的一小片天堂。

但无论老人怎么努力，他都无法制止孩子们的行为。他怒吼过，威胁过。他十分真诚的乞求也没有唤起孩子们的同情心，直到有一天，他学聪明了。他非常清楚，即使是孩子也深受内部和外部动机关系的影响，为此他制订了一个计划。

他给每个孩子10美元，让他们每天在他的草坪上玩耍。他骗他们说，这对土壤有益。

孩子们喜出望外，这样他们不仅可以摆脱老人每天的严厉斥责，还可以做自己想做的事，并得到金钱。

于是他们心满意足地玩了起来。没过多久，老人开始改变策略。

第二周，老人的策略就不同了。虽然他仍然很高兴地让孩子们在他的草坪上玩耍，但责骂他们表现不佳，只奖励了每人5美元。如果他们表现好了，他才会考虑继续奖励。

孩子们有点不高兴，嘴里嘟嘟囔囔，但最终还是拿走了那5美元。他们在草坪上玩耍得很满足，唯一不满的就是，钱比之前少了一点。

最后，老人出绝招了。他大发雷霆，对孩子们的玩耍表现非常不满，并且表示再也不会给他们现金奖励了，他们必须无偿这样做。

孩子们思考片刻就愤怒起来，于是，他们耸了耸肩，跺着脚离开草坪，并发誓，他们死都不会在老人的草坪上玩耍了。

这就是经典的行为主义理论。

将外部奖励放在应由我们内部动机去完成的任务上，往往会产生灾难性的后果。这些外部奖励形式包括金钱、声望，甚至建立在某些数字上的自我价值感。

难怪我在减肥过程中逐渐对自己的身材感到不满意。因为一旦我使用外部指标来衡量进步，我就失去了与我真正的内部动机的联系：保持更好的心情和健康。同样，当涉及金钱时，我拥有的大量净资产蒙蔽了我的双眼，让我没意识到对时间施加更多控制才是我的真正愿望。

奖励不会扑灭我们的内部动机，这是在积累财富的过程中要特别记住的一点。只有当我们了解是什么驱使我们的行为时，我们才能开始更充实的生活，才能在延迟满足和活在当下之间建立适当的平衡。

但是我们如何识别我们内部动机呢？

答案就是，无论是思考如何管理我们的财务，还是如何变得更健康，我们都要找到自己内心最想要做的事。而当有多种选择时，哪条路才是正确的？

我这里有一个三兄弟的寓言故事，可以给我们指明正确的方向。

三兄弟

曾经有三个性格截然不同的兄弟，他们踏上了三条不同的道路，开始了他们各自的人生之旅。

大哥最讲效率，所以选择了一条笔直的道路，因为这条路没有浪费时间的路障。二哥特别能走，但他容易分心，他的路上有很多岔路，这让他很难专注于手头的任务。三弟是一个拒绝墨守成规的人。他既不会走得太快，也不太容易分心。他只是走得很慢，不慌不忙。

大哥

作为三兄弟中的老大，他心里有一个具体的目标，但他不喜欢这条路，他从不享受他的旅程。他把终点看作一个目的地，是他奋斗的终点。他对到达的渴望是如此强烈，以至于他经常不吃饭、不睡觉，以便能有更多的时间赶路。

他因此遭受了巨大的痛苦，但同时也在短时间内取得了重大进展。他疲惫的身体和低落的情绪被梦想支撑着，梦想着当他到达目的地后他可以做的所有事情。如果他能更快地到达目的地，他就自由了，他可以自由地去异国他乡旅行，或者更好的是，爬上最高的山峰。

这些梦想像发动机里的蒸汽、汽车里的汽油，驱使他不断前进。

当他终于走到旅程的尽头时，他确实享受了很长一段时间的自由。尽管这条路在精神上和身体上都对他造成了伤害，但这些牺牲是他心甘情愿的。

二哥

三兄弟中的老二也不太喜欢他选的那条路。但他不像大哥一样有毅力、有决心。因此，他决定将他的旅程分成更易于管理的目标。当他发现自己精力不足时，他会听从自己的内心跑去田野或山上休息。

尽管这些偏离规定路径的旅行延长了旅程所需花费的时间，但他发现自己很快乐，而且体力得到了恢复，耐力也随着每次中途休息而恢复。

在落后大哥多年后，二哥才到达了这条路的终点。虽然他享受自由的时间更少，但精力多了很多。

三弟

最小的弟弟比他的哥哥们慢得多，但也更加从容不迫。事实上，他享受他的旅程。因此，他没有紧盯道路的终点，而是将这条路视为快乐的旅程。他花时间欣赏树木和河流，感受四季变化。阳光照在他的脸上，他觉得没必要着急。

当他终于到达目的地时，他做了一件哥哥们都无法理解的事情。他转过身，开始往回走他来时的路。

三兄弟是很多人的缩影。他们的故事可以帮助我们了解自己与工作的关系，即我们如何看待自己的工作以及工作在我们的人生中扮演什么角色。或者，他们可以隐喻我们是如何对待工作，如何处理人际关系、成就感和满足感的。毕竟，俗话说，你做一件事情的方式，就是你做所有事情的方式。

如果他们做过我在第 1 章中分享的人生复盘练习，三兄弟会报告截然不同的满意度。大哥会展示各种成就，并为他到达目的地的速度而感到自豪，但也许会怀疑自己是否可以更享受这段旅程。二哥既不关注道路本身，也不关注目的地，而是去体验既定道路之外的意外尝试、旅行和各种冒险。因此，他会经常质疑他是否可以用他的钱获得更多机会，获得更多的经验和来一场说走就走的旅行。

而最小的弟弟会向我们讲述自己旅程中的故事，以及这条人生之路的精彩和高光时刻。他如此享受这段旅程，以至于他可能忘记了这样一个事实，即衡量和评估最终结果也有乐趣。因此，对于三弟来说，他甚至会欣然接受在旅途中离世，就像我们在第一部分的引言中提到的波比，他会欣慰于在他商店的办公室里去世一样。

那么，你会是三兄弟中的哪一个？

让我们更深入地研究每个兄弟的特征，你可以思考他们选择的道路中，哪一条最能引起你的共鸣。

选择 1：传统路径——前期吃重式牺牲

"他不让我把恒温器调到 21 摄氏度以上！"

赫伯的妻子笑着坐在丈夫那已经空荡荡的床的对面。赫伯在40多岁辞掉牙医工作后对这些事情很在意。他们存下了一小笔积蓄，将这笔钱投入股市以求增长，为近50年的退休生活提供资金。当然，他们也做了一些牺牲。20世纪60年代初，他们从新泽西州昂贵的郊区搬到了新墨西哥州的圣菲。

赫伯和妻子通过节俭、投资和**地理套利**（"财务自由，提早退休"群体也称其为"全球套利"），将自己从不满意的职业选择中解放出来。他们一起谨慎地做出决定，同时权衡哪些事情（如调低恒温器温度）是值得的，他们用近50年的时间环游世界，参与志愿服务，以及与朋友和家人共度时光。

> **地理套利**，是指从高生活成本地区向低生活成本地区转移。少花钱会让你走得更远，并加快实现财务自由。

这是大哥的路。

大哥的旅程代表了我常说的"美国梦剧本"，即努力工作和牺牲当下是通往幸福和财务自由的最快途径。也许是因为这个想法在美国人的文化中根深蒂固，这个方法被许多最初支持"财务自由，提早退休"的人所接受，例如钱胡子先生和"慢慢变富"（Get Rich Slowly）博客的著名作者 J. D. 罗斯（J. D. Roth）。他们成功地通过稳定的工资收入和明智的资金管理实现了财务稳定和提早退休。

并且，这条路往往是我们这些觉得自己永远不会热爱工作的人选择的道路。无论是提早退休还是特定的净资产，我们心中都有一个目标，我们愿意投入额外的时间，通过睡得更少或周末加班来实现这个目标。而付出一切劳苦是为了有朝一日我们仅凭投资收益就够生活了，而不用再获取其他收入。

走大哥的道路需要迅速积累足够的资产来建立一个安全的储蓄。净资产的指数级增长是通过高储蓄率、节省和股票投资来实现的。复利的力量是提早退休的关键因素。尽早把省下的工资存入养老保险账户，并得到雇主的匹配存入部分。

像三兄弟中大哥这种类型的人，通常都是专业人士，他们一开始通过为其他人打工获得典型的工资收入。虽然房地产投资或创业也可以带来收入，但大多数医生、律师、工程师和计算机顾问等拿工资的白领才是走大哥道路的人。

然而，如果你认为超高收入是必须的，那就错了。有许多低收入者也使用这种方法。他们是关注储蓄缺口的专家，他们既努力赚取收入又努力进行储蓄。即使薪水微薄，他们也能靠勤俭节约的生活技巧来实现他们的净资产目标。

前期吃重式牺牲

前期吃重式牺牲是大哥使用的主要方法。顾名思义，它赤裸裸地要求牺牲，与"人只活一次"的享受截然相反。人们必须在短期内推迟当下的紧迫性，以便在将来获得好处。毕竟，实现财务自由需要努力工作、制订计划，而且经常会错失机会。虽然理想情况下，我们既要爬山，又要同时欣赏登山路上的美景，但这条路需要一个有形的终点，并用激光般的焦点跟踪路线。正如我们之前所讨论的，这个过程本身不会带来更多的情感健康，因此我们需要更好地理解我们自身独特的意义和目标，建立坚实的经济基础是一个良好的开端。

> **前期吃重，**是指不均衡地分摊或分配成本、精力等，在企业成立初期或过程的开始分配更大比例的成本、精力等。

大哥的道路类似于驾驶大型喷气式飞机横渡大西洋。飞机最大的能量消耗发生在刚起飞阶段，一旦进入高空开始平稳行驶，飞机燃料消耗水平就会急剧下降。

你一生的财务燃料规划也是这样。在人生早期燃烧的燃料通常会让你在剩余的人生旅程中前进得更快。这在你20岁出头的年纪尤其重要。

不相信我吗？

作为一名住院医生，我在当地医院兼职，并省下了1万美元作为我们第一套房子的首付。几年后，我们卖掉了那套房子并赚了钱，然后花了5万美元投资指数基金，而这种基金收益会不分昼夜地增长。20年后，这笔资金已经成倍增加，并且足以轻松地支付孩子们的大学教育费用，还绰绰有余！这不仅反映了复利收益，也反映了复利损失，因为信贷是有成本的。如果你有教育贷款或汽车贷款，它们每个月都会以利息的形式消耗你的"燃料"。这些利息会侵蚀你的财富，阻碍你通往财务自由。还有些人带着堆积如山的债务结束了本科教育。无论你是夷平那座山还是让它变得更高，都会对你的财务状况产生深远的影响。

我妻子在大学毕业时有 1.5 万美元的教育债务。因此，在年轻时，我们都在工作中投入了额外的时间，以相当快的速度还清了这笔债务，耗费了许多精力。如果没有债务，我们就能最大限度地储蓄退休金，并在我们职业生涯开始时开设一个应税经纪账户。

我可以想象现在的你在想什么：有什么可着急的？为什么不趁年轻的时候享受一下生活呢？

遗憾的是，现实是，时间在一分一秒地流走。从大学毕业后就开始走大哥那条路有一些优势。那时没有那么多的重大责任压在你身上，例如养育孩子或高昂的抵押贷款，因此你可以自由追求职业、商业机会或副业。但随着年龄的增长，有了孩子，定居在郊区，你的时间被相互竞争的需求分解，它尖叫着以引起你的注意：你没有那么多时间了！

而且，年轻的时候精力也更充沛。作为一名新手医生，我可以连续工作 36 个小时，而不需要一分钟的睡眠。但现在，我需要数周的时间才能从连轴转中恢复过来。

在职业生涯开始时，前期吃重式牺牲可以创造无限的可能性。它将推动你穿越平流层，为在舒适高度的滑行做好前期准备。一旦顺利起飞，你就该专注于提前规划好的目的地了。

你要往哪个方向飞？什么时候到达？我们将在接下来的章节中详细解决这些问题。

大哥的风险

到目前为止，大哥面临的最大风险是有限的生命。对那些还年轻的人来说，前期吃重是一个很好的方法。但是，如果我们过分关注金钱目标，就可能会花费太多宝贵的时间去积累永远无法满足我们的财富。大哥必须认识到一种可怕的可能性，即生命可能是短暂的。死亡随时可能出人意料地到来。虽然延迟满足很重要，但大哥当下也必须谨慎分配一些时间、精力甚至金钱来实现重要的人生目标。当埃内斯托请假 6 个月去珠穆朗玛峰登山探险时，他完全没想到，仅仅不到十年，他居然患上了绝症。如果他等到经济更加稳定再去探险呢？如果他把这样的计划推迟到实现财务自由之后呢？

在大哥的道路上还有其他一些常见的陷阱，我们必须保持警惕。一个人取得的成功越多，成为极端行为牺牲品的风险就越大。在第 1 章中，我们讨论了"享乐跑步机"及其双胞胎兄弟"超速运转"。储蓄和赚钱会变得如此上瘾，以至于我们可能会忽然发现，自己快速转动轮子，但一事无成。有时，在赚钱方面屡获成功会导致我们忘记放慢脚步，忘记用我们的钱过上及时行乐生活的重要性。不仅是大笔开支，甚至是日常开支都可能存在问题。

节俭就是一个很好的例子。靠更少的钱生活，最大限度地利用我们的资源，以及自己动手丰衣足食的生活态度，确实可以使你的财务基础更稳固，但也有可能使你把财富看得太重。

你知道人们为了节省 1 美元的开销能多么离谱吗?

我曾在脸书一个热门的财务自由群组中读到一篇帖子,有一对夫妇在度假时买了一条面包,用酒店房间里的熨斗做吐司。他们大肆宣扬这一做法,教你外出时不必在食物上花费太多的资金。这一类做法只会导致思想"贫困",而没有给我们展示合理的消费安排。节俭会让当下显得廉价。每个人必须清楚地了解贫困的生活是什么样子的,并尽力避免它。明智的资金管理不一定是痛苦的,因为这样可以削减很多不必要的支出。

那些走大哥道路的人非常喜欢且追捧极简主义。摆脱不必要的杂物和保持简洁的生活理念听起来非常吸引人。但重点是,这种生活理念的核心是简单。我认为,我们现在把拥有更少与使生活更轻松、更易于管理混为一谈了。摆脱一切并不能解决我们所有的问题,甚至不能解决任何一个问题。它不会帮助我们更接近和理解我们个人独特的目标、身份和社会联系。

收入很高,但还是破产了

提醒一句:一个人仅在职业生涯早期获得了高收入并不意味着他在大哥这条道路上畅通无阻。前期吃重式牺牲不仅需要预先投入大量燃料,还需要在整个旅程中明智而有远见地使用燃料。

虽然赚很多钱可以为你的旅程提供燃料,但不能保证你会变得富有或实现财务自由,你仍然需要努力工作。在我作为医生的职业生涯中,我身边有好几个高收入的朋友濒临破产。他们深陷于债务困境，再多付一笔钱就会让他们的空中楼阁在脚边轰然崩塌。

雪莉为自己成功的整形外科职业感到自豪。她白手起家，并觉得自己完全值得拿50万美元的月薪，而这些钱都是她从诊所的每月收入里挤出来的。雪莉一家定居在上流社区，她为家人购买了很多符合上流人身份的高档时装。但在这样做的过程中，她的生活水平远远超出了她的经济范围。她抵押了她能抵押的全部。她的三个孩子上了最昂贵的私立学校，他们带着最昂贵和最新款的装备参加了精英夏令营。她拥有所有富有的表象，但如果看看她的财务状况，你就会知道，她实际上已经破产了。雪莉的储蓄率是惊人的–10%。她每年通过信用卡、房屋净值额度和个人贷款的借款超过收入的10%。她没有投资，也没有完完全全属于自己的房产。她的净资产状况十分糟糕。

那你觉得她是怎么支撑这种生活的？

她最常用的方法是在资金一登记入账时，就从公司账户中提取现金。她经常让会计师提前预支自己的工资支票，同时推迟支付员工每半个月发一次的工资。当公司现金流断裂时，她就打电话给当地银行提高她的信贷额度。

最终，她不得不动用自己的企业年金账户，挪用孩子们的大学基金，并向她的办公室经理借钱。但经理的收入只是雪莉实得工资的1/10，而这笔1 000美元的借款被她用来支付了孩子保姆的薪水。

她似乎总能找到收支相抵的方法，直到这个平衡被打破。常规乳房 X 线检查显示她的乳房有肿块，最终被诊断为癌症。手术和化疗需要整整一个月的时间，这成为意料之外没有薪水的一个月。她的长期失能收入损失保险在 90 天后才生效，这让雪莉几乎没有什么钱可以支付自己的医疗费。

由于没有收入来源，她的个人和商业债务不断增加，雪莉关闭了她的诊所并申请破产。不过她很幸运，她的癌症被治愈了，因此没有成为我的临终关怀患者，但她的故事常被我用来警示那些喜欢跟别人攀比的人，提醒他们打肿脸充胖子是有风险的。高收入不等于高净资产。

在经济大衰退之后，财务自由运动发生了很大的变化。守旧派更感兴趣的是积累创收资产，尽快退出职场。大哥的路以"成功之路"著称，几乎没有可行的替代方案。

而新一代的财务自由追求者正在挑战传统教条。虽然老一辈人更迷恋净资产，但许多年轻加入者对牺牲的兴趣要小得多，在职场磨炼几十年对他们来说没有吸引力。他们想享受当下，而不是在对遥远未来的想象中涅槃。他们从小就看到了"人只活一次"生活理念的好处。

对他们来说，二哥和三弟的道路更具吸引力。

选择 2：被动收入和副业

二哥选择将财务自由定义为被动收入流和**副业**创造的收入足

以满足日常需求的状态。这种选择不是基于储蓄和复利投资，而更多的是基于房地产或企业家精神。

> **副业**，是指一个人在主要工作或收入之外的赚钱手段。

通常，二哥的职业生涯始于一份普通的工作。然而，与普通员工不同的是，他把工作日晚上和周末的时间都花在副业上。尽管副业在开始时需要大量的精力，但随着时间的推移，这些副业项目需要花费的时间和精力越来越少。随着副业的建立和收入的增长，额外收入通常会超过主业的工资收入。

为什么继续当雇员而不是当自己的老板呢？

莎莉妮是一位房地产专家。在多年的住宅房地产经纪人工作中，她获得了创造自己副业的必要技能和知识，即通过投资商业房地产来建立自己的被动收入流。尽管她多年来一直在积累额外的储蓄，但在被诊断出患有多发性硬化症（一种使人衰弱的神经系统疾病，通常会导致数十年残疾）后，她才购买了她的第一套投资性房产。此时建立多种收入来源变得更加重要，因为她知道，将来她可能没有为客户服务所需的体力了。如果她拥有投资性房产，就算她失业或健康状况恶化，她每个月依然能获得可行的收入来源。

辞去工作是她的一个意外收获。虽然她的存款在初始阶段几乎完全耗尽，并且无法购买新房产，但月收入没有中断，并且还为她提供了比以前更加惬意的生活。如今，在摆脱了传统朝九晚五工作的限制以后，她能够花更多的时间照顾自己，进行物理治疗以避免肌肉和骨骼出现问题，并且趁着身体还健康的时候去旅行。

当多发性硬化症让她越来越虚弱时，她聘请了一位房地产经理来处理日常决策。虽然每月的薪水无法减轻她健康方面的毁灭性变化，但额外收入为她生命的最后几年提供了舒适的生活保障。

像莎莉妮一样，房地产投资者是走二哥那条路的一个典型例子。他们积累财产，用租金收入养活自己。他们几乎不需要精力去维护自己的每月收入，甚至还可以通过合理避税来提高收入。

二哥之路的其他例子包括博主、播客、数字企业家以及优兔（YouTube）和社交媒体上的红人。

虽然这种路径选择的显著优势是将被困在办公室隔间里的时间最小化，但你要是觉得这条路没有什么牺牲，那你就错了。在初始阶段，创造被动收入流是一项非常艰苦的工作。副业可能会令人沮丧，让你感觉像是在浪费时间。因为最初的种种艰辛，让许多人放弃了自己的副业。但是，将自己的目标、身份和社会联系与这些副业项目保持一致，可以减轻一些沮丧感。因为，如果是为了自己打工而不是为了那些不露面的老板，那么每天的磨炼就更容易忍受了。

价值与值得

格鲁普斯·马克西姆斯（Grumpus Maximus）在他的书《黄

金信天翁》（*The Golden Albatross*）中介绍了"价值与值得"的概念。[①] 虽然他使用这个决策框架来计算养老金的价值增长是否值得延长一个人的军旅生涯，但当涉及被动收入和副业时，计算基本上是相似的。

正如我们将在第 7 章中讨论的，我们活在世上的可用时间是恒定不变的。然而，我们如何使用时间完全取决于自己。我们真的想为自己创造更多的工作量吗？我们是否想把朝九晚五工作之外的所有清醒时间都花在试图建立被动收入来源的副业上？

患有多发性硬化症的房地产投资者莎莉妮的事例有助于回答这些问题。从住宅房地产经纪人转变为拥有副业和租赁性商业房地产的人，对她来说，空出的时间和精力是非常值得的，因为她最终是依靠被动收入生活的。然而，她的成功来之不易。

莎莉妮最初的计划是购买并转手房屋。但在她的第一个项目开展的 6 个月后，她决定认输。因为她负债累累，不仅跟不上计划，还无法专注于她的主业。对她来说，很明显这个项目不是一次成功的尝试。她的转手房屋项目带来的价值并不值得，她赚的钱并不能弥补她额外增加的痛苦和沮丧。

而她的第二个尝试项目商业房地产，则是一个完全不同的故事。

在你选择二哥那条路并开始追求副业之前，请认真思考一下莎莉妮的故事。开展新业务创造的价值和收入，是否值得你承受相应的担忧和麻烦？

------

① Grumpus Maximus, *The Golden Albatross: How to Determine If Your Pension Is Worth It* (Glen Allen, VA: ChooseFI Media, 2020).

最后，如果你希望追随二哥的道路，你的目标应该建立在为你自己和你的家人考虑的基础上。尽管叫作被动收入，但这些项目绝不是被动的，尤其是在刚开始时。事实上，我们也许应该改个名字！

被动收入真的是被动的吗

我们喜欢使用"被动收入"一词，因为它是财务自由群体的招牌。这个概念是指一个人在短时间内建立了一个永续的赚钱机器，然后在未来几十年内从中获得收益。这听起来妙不可言，因此这也应该立即引起我们的警觉。尽管我们中的许多人在成长过程中都相信世上没有免费的午餐，然而，我们却希望这次情况不同以往。

那么，是童年的教导说得对，还是被动收入真的是被动的？

我不否认存在可以维持健康生活方式的副业、买卖和投资。更重要的问题是，我们应该花多少时间来维护它们。需要无数小时精心维护的被动收入不再是被动的。无论出于何种意图和目的，这都是一份换取工资的工作，一份没有第三方承担，而是完全由自己承担责任和义务的工作。

在这种情况下，我想引入相对被动指数这个概念。有些赚钱机器比其他赚钱机器需要更多的精力去维护。赢得彩票或获得家庭遗产可以创造真正的被动收入。这些事情几乎不需要付出任何努力，就可以立即让一个人实现财务稳定，这是大哥那条路的捷径。

但这些事情也相当不切实际。

股市也是取得被动收入的好地方。这是前期吃重式道路，在这条路上的人积累现金去投资，然后依靠投资收益生活（正如我们在前文所讨论的）。但具备一定知识和技能后，你的平均投资组合每月只需几个小时的时间即可维持。

房地产、小微企业、博客、网店或其他形式的数字创业项目则完全不同。这些努力可能需要投入大量时间，并且可能与任何一种给人打工的工作充满一样的焦虑和压力。无论我们多么频繁地提到蒂姆·费里斯（Tim Ferriss）的每周四小时工作制，但对大多数人来说，这种工作永远不会实现。[1]

我经常听到非常成功的房地产投资者、年收入六位数的在线销售专家以及我在"赚钱与投资"播客上采访的身家百万美元的博主表达同样的观点。早在我们看到他们目前的成功之前，他们就在用鲜血、汗水和泪水为自己的收入而战。

当我们看到一个人的成功并假设他的奋斗之旅从一开始就是被动的时候，我们犯了一个严重的错误。讽刺的是，真正实现"被动"的诀窍还是我们的老朋友：前期吃重。我们所说的被动收入实际上在前期投入了大量时间和精力，只是现阶段已经处于"自动飞行"的状态。

由于这些原因，我认为我们最终应该放弃被动收入的概念，代之以额外收入，它是一个更准确的描述。房地产投资者花费数

[1] Tim Ferriss, *The 4-Hour Work Week: Escape 9–5, Live Anywhere, and Join the New Rich* (New York: Crown Publishers, 2009).

年时间积累相关知识，购买和管理房产，并在进入更被动的角色之前建立了投资系统。企业主、顾问和作家经常长时间工作，积极追求他们的短期目标，以确保成功。

被动收入，严格来说，可能并不真正存在。无论你是投资股市的大哥，还是冒险从事副业的二哥，你都必须努力工作。正如古老的谚语所说的："天下没有免费的午餐。"

在被动收入项目可能是工作密集型的事实之外，我们还必须意识到它们具有一定的固有风险。作为房东，我经历过很多次这种固有风险。我的出租房屋出现了蟑螂、老鼠，甚至有吵闹邻居的困扰，这使得我的公寓无法出租。我花了数千美元对意料之外的事件进行修复，我更换了供暖装置，并且由于新冠疫情大流行，房屋还空置了一阵子。如果你是一个小小的创业者，那么你可能会因为一场自然灾害，房屋过剩，或者优兔算法的变化，就被踢出就业市场。

出于这个原因，二哥的道路适合冒险者和企业家，拥有自由精神的人，以及那些超越传统就业方式并且不追求工作稳定性的人。如果你更擅长为自己工作而不是为别人工作，那么，这应该是你的选择。

选择3：激情人生

追随三弟道路的人对奋斗人生不感兴趣。他们认为自己可以沿着马斯洛金字塔一路攀登，同时追求丰富多彩的工作。如果他们的工作既能提供充足的现金来满足基本生活需求，又能获得目标感、身份感和社会联系感，那么就没有必要等待复利。我称这种方法为"激情人生"。

将激情人生视为一条可行的道路是一个职场人可以做出的最具争议的选择。从某种意义上说，这条路径将完全重新定义财务自由。这条道路不专注于净资产目标或月收入，而是将财务自由定义为"主要通过有意义的活动来充实生命，同时赚了足够的钱来生存的能力"。既然我们一生都在做某种工作（无论是为了钱还是为了我们自己），为什么不花时间做我们喜欢的事情并获得报酬呢？

还记得第一部分的引言中波比的故事吗？他对大卡车的热爱为他的职业生涯注入了激情和兴奋。他每天早上迫不及待地想进入办公室，在交易页面上搜索市场上的最新款式。在临终之前，他最大的遗憾是无法继续他之前的工作。他很少被钱所困，因为他心爱的事业总是能提供足够的钱。

波比既没有耐心通过前期吃重式牺牲来积累资产以实现财务自由，也没有被动收入提供每月补充收入以实现财务自由。像追求激情人生的三弟一样，他使用了自己所拥有的最基本的资源：人力资本。他投入了自己的时间和精力，为自己的工作注入汗水。

而这给他带来了快乐。

工作的乐趣

有些人会说安吉尔是幸运的，而有些人深表怀疑。从大学辍学后，他在叔叔的古董店做兼职。他整天都在翻新损坏的家具，和客户愉快地聊天。一天早上，一个少年走进来，拿出几美元买了一张前几天一位客户留下的各式各样的棒球卡。随后这个少年（后来成为安吉尔的第一位员工）拿出一份价格指南，这张棒球卡的估价是他刚刚购买的价格的两倍。

安吉尔被迷住了。

在接下来的几个月里，他买卖棒球卡，意想不到的成功使他接手了叔叔的生意。这家小古董店成为附近孩子购买、出售棒球卡的中心。在接下来的几十年里，安吉尔会指导经常光顾他商店的青少年。安吉尔的现金流稳定，足以供养妻子和日渐长大的女儿。虽然没有太多额外的钱，但这些也足够生活了。

安吉尔热爱他的生活和工作。

在因胰腺癌入院后，他无法维持商店的运转。事实证明，安吉尔本人和棒球卡的命运相似。此后不久，他就去世了，除了已经拥有的东西，他从不奢求更多。他的妻子对他的离世感到十分悲伤，我记得泪水从她的脸上掉下来，她的嘴角控制不住，但勉强挤出笑脸，说道："他热爱那些卡片！天啊，他非常热爱那些卡片。"

安吉尔和波比的人生都遵循一句箴言，我相信你以前听说过：如果做自己喜欢的事情，你的一生就永远不必工作。

虽然许多选择三弟那条路的人都遵循了这句箴言，但理所当然地假设每个人都会有这种充满乐趣的人生是不明智的。事实上，我认为实际情况正好相反。很少有人能够将他们的激情转化为全职工作。

但是，这是否意味着三弟的道路是不堪一击的？

虽然我在担任临终关怀医生期间遇到了许多像安吉尔和波比一样的人，但人数似乎每年都在减少。虽然我不会完全忽视这条道路，但当我审视"热爱工作"神话时，激情人生的困难变得清晰起来，这个神话可能是当今职场中最具破坏性的力量之一。

"热爱工作"神话

依靠自己所热爱的东西谋生是非常困难的。"热爱工作"神话认为，热爱是工作中不可或缺的一部分，这种神话在过去几十年里已经渗透美国文化，并且有理有据。我们在工作上花费的时间和精力比以往任何时候都多。我们在工作日晚上和周末休息时经常被手机无休止的提示声打断，提醒我们收到了一封新的电子邮件或消息。工作已经成为我们生活中越来越重要的一部分，我们最好学会享受它。

虽然这个理由听起来很有吸引力，但许多人发现"工作永远不会爱我们"。我们不太可能总是喜欢朝九晚五的工作、所有的同事或每个工作项目。工作总是要求我们放弃我们偶尔想要参与的活动。除此之外，工作中总会有挫败感。

尽管社会鼓励我们以做自己喜欢的事情为生，但这并不容易。我们看到职业的倦怠程度在不断上升，工资停滞不前，工作与生活的平衡被打破。许多人找不到自己热爱的工作，或者相反，当他们挣的钱无法维持自己的生活时，他们感到沮丧。

　　即使你知道什么类型的工作能给你带来快乐，但仍然有几个障碍。首先，失败可能是毁灭性的。正如安吉尔被诊断出患有胰腺癌一样，1994—1995赛季美国职业棒球大联盟的罢工导致棒球卡市场崩溃。当安吉尔不得不下架产品时，他痛苦万分，而与此同时，他的病情随着化疗的推进愈发严重。

　　此外，对工作的热情也会破坏家庭和睦。为了随时收到新送来的卡车，波比经常长时间待在他的办公室，因而错过了与妻子的晚餐。妻子早他几年去世，一想起他们彼此分开了太多时间，波比就会更加痛苦。

　　"与工作结婚"挤占了我们维系亲密关系的时间。三弟类型的人经常在这些相互竞争的需求之间挣扎，但他们往往在这两个需求上都失败了。

　　安吉尔和我都有一个坏习惯，并且直到今天它仍然困扰着我。我们都放弃了假期和享乐，因为我们害怕离开我们的工作。对他来说，是商店；对我来说，是忙碌的诊所。安吉尔在他最后的日子里经常表达这种遗憾。他感到遗憾的是，他的热情并不总是延伸到他商店的四堵围墙之外。

　　将你喜欢的东西变成职业的另一个风险是，随着时间的推移，你可能会越来越讨厌你的兴趣。为我们内部动机去做的事情而获得外部奖励可能是灾难性的。

我在医学培训期间感到的倦怠是医生职业普遍存在的问题，但这种倦怠也可以在其他具有公民意识的职业人员身上看到，例如教师和警察。与那些深受"热爱工作"神话其害的人相反，这些专业人士不会对他们的工作产生仇恨。相反，他们遭受了道德伤害。[1] 他们不断被要求做出决定，但他们的决定往往不是根据他们认为的最好的一面做出的，而是根据专业领域中最有利的一面做出的。

第 3 章提到的转为中学辅导员的赛勒斯老师，也面临着类似的问题。随着学校数学课程发生的许多变化，他不能再使用他认为的最合适的方法进行教学了，而他的退休金情况又使他很难从这份工作中解脱出来。他的财务状况使得他几乎不可能辞职。但他感到自己很幸运，有机会在职业生涯中期从数学老师转为辅导员和教练。许多人却没有这么幸运。

对于那些以激情人生为职业生涯的人来说，他们的道路上还有其他几个障碍。在三兄弟中，三弟对金钱和物质财富的看法最天真，他觉得从工作中获得的成就感应该足够了。虽然这个想法一开始很诱人，但它会导致几个后果。

当你遭遇意外时，缺乏物质财富可能是致命的。如前所述，意外包括对工作失去兴趣和激情，在工作中受到伤害导致无法承担关键职责。虽然一份好的失能收入损失保险（在下一章中讨

---

[1] Andrew Jameton, *Nursing Practice: The Ethical Issues* (Englewood Cliffs, NJ: Prentice Hall, 1984).

论）可以降低伤害，但对于兴趣疲劳这个问题，没有任何作用。对许多与我共事过的医生来说，学生贷款的巨额债务严重影响了他们离开医生职业的能力，即使他们对这个职业的兴趣已经开始减弱。

避免三弟之路的风险需要好的建议、合适的保险、长期的规划，以及认识到即使是理想的工作也无法完全满足我们对目标、身份和社会联系的需求，我们还需要人脉和经验。

除了这些担忧，三弟的道路尤其适合梦想家、自由精神者、音乐家和艺术家。哥哥们经常羡慕三弟选择的那条路，因为钱似乎不再是日常生活的驱动力。

这听起来不是很不错吗？

我选择了前期吃重式牺牲

说到财务自由之路，除了大哥选择的前期吃重之路，我从来没想过别的道路。我的父母是专业技术人士，他们同时拥有多个高级学位。我从小就在接受高等教育和学习生活技能的期望中长大。在没有清晰规划专业道路的情况下，我甚至从未考虑过离开大学或研究生院。

由于我最早的梦想是成为一名医生，所以从某种意义上说，我认为我也在追求激情人生。但从我职业生涯的一开始，我就意识到，从长远来看，兴趣不会支撑我在职业道路上走得长远，在半途产生倦怠感却更有可能。因为我投身于一个要求苛刻的工作，而它需要我牺牲无数个工作日晚上和周末。我从来没有考虑过其他职业，也不想用更人性化的方法来实现我的目标。相反，我甚至加倍努力，利用我的专业技能参与了几个副业，以获得额外的收入。我开始痴迷于在尽可能短的时间内创造财富的想法。

同时，我开始意识到写作、公开演讲和其他形式的交流更符合我真正的人生意义和目标。我小心翼翼地涉足这些活动，但拒绝一头扎进去，我也从未考虑过将这些活动货币化。我把金钱和兴趣分开，就好像它们是油和水一样不相容。我告诉自己，学医是为了赚钱，交流是为了快乐。

我错了吗？

我的观点非常具有代表性，它不仅代表我个人的成长经历，也代表我们这一代人的成长经历。对我来说，作为"X世代"的一员，在工作中有所牺牲的想法并不少见。在某种程度上，我相信千禧一代和"Z世代"在工作与生活的平衡方面做得更好。并且，在追求自己的激情人生时，他们无所畏惧。

现在回想难免有些"事后诸葛亮"。我不确定我可以坚定地说，如果我有机会重新开始，我会以不同的方式做事。虽然当医生肯定会面对一些不舒服的时刻，但这并不全是坏事。我在医学院学习和当住院医师期间获得的技能，使我能够深刻地影响他人的生活。这是一个十足的特权。

我也从经济稳定中受益匪浅，如果没有当医生，这是不可能的。这些年来，医生职业使我能够储备资金进行投资，并有能力建立一个经得起时间考验的稳定的财务规划。与那些依赖被动收入或把兴趣变为职业的人不同，我相信我的财务状况更加稳健，我通过预先取得的资产（股票和债券）获得收益。即使这些资产不再能赚到额外收益，我仍然拥有丰厚的本金。

它们有价值。

我个人觉得，建立其他被动收入来源和副业是一项困难的任务，它们往往会带来很多工作量，但回报低于预期。

对于这个问题我也认真思考了很久，如果像三弟一样追求自己的激情人生而不是去医学院，我是否会快乐。或许，我本可以毕生致力于成为一名作家、广播名人或公众演说家。虽然这听起来很美妙，但我们经常忘记，在白日梦里漫步时，充满激情并不能自动带来稳定的收入。

如果我能力不够，无法用创造力养活自己怎么办？

传统的财务自由之路有一个被忽视的好处，即退休后人们可以毫无保留地追求激情人生。你可以陶醉于这个过程，而不必担心不好的结果。你可以失败得一塌糊涂，而没有后顾之忧。

我不希望谋生的压力影响我的激情，因为我担心它会变得像任何其他我不感兴趣的工作一样。前期吃重适合我，但并不适合所有人。

有些人会强烈感受到当下的紧迫性，以至于前期吃重的想法变得令人厌恶。这些人对每天朝九晚五在办公桌上拼命工作感到厌烦。对他们来说，被动收入或激情人生可能是正确答案。

你不必在金钱和激情之间做出选择

虽然我们在前面的章节中进一步描述了三兄弟的选择，但现实要复杂得多。现实中有成千上万条道路，金钱和激情甚至可能有交集。我们经常忘记，我们可能会在生活中或职业生涯的不同时期从一条道路跳到另一条道路。因此，从长远来看，我们不必在金钱和激情、牺牲和快乐之间做出取舍。

根据实际情况的需要，我们可能会在战术上决定在短时间内延迟满足，在某一个时间段**拥抱困境**，通过牺牲获得经济利益。

拥抱困境，是指主动接受或欣赏极其不愉快但对前进来说是不可避免的事情。

或者，我们可能会暂时停下来，离开那条通往金钱目标的道路，转向另一条道路以追求激情与快乐。人生中有无数的可能性，关键是要带着意图和明确的目标来驾驭这个选择的迷宫。

我们可以将"非此即彼"替换为"两者兼而有之"。

许多人在年轻、精力充沛时，选择长时间从事没有个人成就感但能获得高收入的工作，提前做出牺牲并积累财富。后来，当经济状况更稳定时，他们接受工资大幅下降，从事一份可以让他们探索自己激情的工作。他们可以根据需要来回切换。而二哥的多路径法也不容小觑。在我担任主治医生的早期，我开始了在线销售艺术品的副业。这不仅提供了额外收入，而且它还是我热爱的事情，此外，它可以与我的医生工作互不冲突。

临终患者教会了我对这个过程进行深入思考。向当下的紧迫性致敬，并计划未来。归根结底，情感幸福和自我实现必须与财富同步，而不是"阶梯式"实现的方式。你不会想要等到确诊绝症之后才去追求对你来说真正重要的东西。

金钱或激情只能选择其一，是一种错误的二分法，我现在才意识到这种二分法可能会让我付出沉重的代价。

如果我像父亲一样英年早逝，我会错过很多，比如，演讲前在座无虚席的礼堂里紧张又激动的心情，以及当我开始主持播客节目时，麦克风放在我面前的兴奋。我会成为临终关怀护士布罗妮·韦尔又一个采访对象。

- 我希望过忠于自己内心的生活。
- 我希望花更少的时间在工作上面。
- 我希望自己活得更快乐。

为了避开这个陷阱，我们现在必须更有意识地权衡每个兄弟的道路，知道它们的积极方面和消极方面。这就是为什么在下一章中，我们将开始梳理你的财务状况。这样无论你面前有多少未知情况，你都会做好准备。

练习 4：寻找适合你的财务自由之路

1. 在下周的日程安排中选择 2~3 天，每天腾出 1 小时。在此期间，找一个安静、舒适的地方，确保关闭所有电子设备，让身体得到充分休息，没有饥饿感，然后集中你的注意力。

2. 想象一下，你刚刚大学毕业，找到了你梦寐以求的工作。你的家人喜出望外。这会是什么工作？

3. 这份新工作的哪些方面最令你满意？是工作本身的乐趣吗？是自主决策和自由的工作时间，是晋升的空间还是不菲的工资？

4. 列出你喜欢这份新工作的原因，并按重要性排序。这一步要具体描述，确保你认识到这份工作的哪些特征非常适合你。你是为自己工作还是为他人工作？慢慢思考，完成此列表可能需要几天时间。

5. 现在为你当前的工作创建相同的列表。这份工作符合上述列出的特征吗？你是否对这两个列表的差异程度感到惊讶？如果是这样，请不要担心。通常，我们的梦想工作是现实工作的理想化版本。

6. 现在试着弄清楚哪个兄弟的财务自由之路最符合你的愿望清单。大哥之路会看重高薪和快速晋升，但不太考虑享受日常的工作。

7. 你像二哥吗？他高度自我激励，重视自由的工作时间表，并觉得压抑的工作环境是束缚和限制。他通常不喜欢被告知该做什么。房地产投资或创业听起来很诱人吗?

8. 你认同三弟吗?你对你所做的事情充满热情,即使你没有得到报酬,你也会继续下去。你可能很有创造力,是音乐家或艺术家。

9. 应用你从这些路径中学到的知识来评估自己的工作环境。换一份工作你会更快乐吗?你现在选择的道路是不是一条适合你的路?

10. 虽然到目前为止我们一直在讨论工作,但你会发现这些讨论也适用于目标、梦想和人际关系。

第 5 章
梳理你的财务状况

人固有一死。

想象一下，我走进你的病房，轻轻地坐在你旁边的椅子上。如果你已婚，你的丈夫或妻子也会在你身边专心听我讲话。也许你的父母或兄弟姐妹也会在场。

"我已经查看了 CT 影像，与专家交谈过了，并研究了过去的病例。我们可以提供许多治疗方案，但我担心这些方案无法阻止已经恶化的病情。肿瘤已经扩大转移了，是恶性肿瘤。"

你停顿了一下，挣扎着深吸一口气。你发现医院的临终关怀团队已经来了，你这才意识到这次交谈的真正含义。你陷入恐慌，紧盯着配偶的眼睛，看到你的痛苦和恐惧反射回自己身上。你和家人都以为你有更多的时间。

"我再补充一下。根据我的经验，每个人，无论老少，健康还是患病，每天早上醒来都会带着一天的计划……但我不知道你什么时候会死。医生不善于估计这种事情。但我想帮助你专注于每天的生活。死亡是句子末尾的句号，而不是一组括号或一个引号。"

就在那一刻，你的一生在你的脑海里闪过。你想起你所有已经达成的成就和经历的失败。当你考虑你的遗产时，你所爱的人的名字和面孔会迅速掠过你的脑海。你在经济方面和其他方面犯过什么错误？一个问题沉重地压在你的脑海中：我准备好离开这个世界了吗？

真的吗？真的准备好了吗？

不管你愿不愿意，你都将离开这个世界了。也许不是以上文假设的方式。也许不是今天，也许不是明天。死亡对我们每个人来说只发生一次，但从你出生的那天起死亡就已经在路上，当你读这本书时，时间也在流逝。这些问题并不意味着疾病或者令人不安，但通常我们必须摆脱自以为是才能做出有意义的改变。

只有你才能确定你是否过着符合自己独特目标、身份和社会联系的生活。但是，把你的财务状况梳理好，这会给你机会、时间和自由去追求对你最有意义的事情。它还将帮助你在自己的生活中解析三兄弟每个人的路径，并利用他们的智慧来指导你的财务决策。

就像在第 3 章中，我们从机会成本的角度区分了人只活一次和延迟满足一样，平衡我们自身的财务和遗产意味着接受另一种二分法，即在谈论死亡和金钱时，会面临两种基本的恐惧。

我们要么害怕自己死得太早，永远无法享受我们辛苦获得的成果；要么害怕将来会活得太久，却没有足够的钱来维持我们的基本生存需求，我们将死于破产。

你更害怕什么

我父亲一直都知道他会英年早逝。事实上，在我母亲同意嫁给他之前，他就向她表达了这个精准预判。无论他是否意识到这一点，我相信他的许多决定都受到这种信念的影响，尤其是他对职业生涯的决定。在获得肿瘤学专业的奖学金后，他在私人诊所获得了一份利润丰厚的工作，远远超过他在学术职位上所能获得的薪水。然而，他拒绝了这个在西北大学退伍军人事务医院继续工作的机会。虽然他接受的工作的薪水要低得多，但这个职位能充分调动他的理智和严谨，而且没有私人诊所要求的时间和情感牺牲。

我的父亲还是个手工控。他在地下室有一个小杂物间，里面装满了工具和其他用品，他花了无数个小时建造和改造东西。他是一位狂热的摄影师，他在一个备用壁橱冲洗自己的照片。当他突发颅内动脉瘤去世时，他甚至还在学习希伯来语。

我父亲明白当下的重要性，事后看来，他对自己英年早逝的笃定使他能够拥抱有意义的追求，直到他生命的尽头。然而，他并没有投入太多的精力来积累财富。正如我母亲在接受"赚钱与投资"播客采访时所说的："哪儿都缺钱！"

此外，他确实采取了一些措施来减轻自己过早死亡带来的危害并确保他能留下足够的遗产。他在年轻的时候就购买了一份人寿保险，后来用于支撑我们的家庭生活，并为我的大学教育提供资金。他还建议我母亲回学校深造，不是回到她几十年前开始但未完成的有机化学博士课程，而是鼓励她从凯洛格商学院

（Kellogg University）获得工商管理硕士（MBA）学位。即使在今天，他的话听起来也十分正确："以防我出事，你得有一个能提供足够收入的职业。"

我父亲去世几个月后，我母亲登上领奖台，获得了注册会计师证书。那时，她已经在四大会计师事务所获得了一个职位。

是运气好还是准备得好？

与我父亲不同，我从小对自己的寿命有着截然不同的感觉。我一直相信我会活到七八十岁。这种信念影响了我的职业道路和财务决策。在许多方面，我能够推迟我的激情，以便为我的跨大西洋飞行提供适量的喷气燃料。当下的紧迫性被占据身心的愿望所取代，即延迟现在的满足以造福未来。我最担心的不是英年早逝，而是担心在退休后没有足够的资产来养活自己和家人。

让你的财务状况井井有条需要了解一些基本的个人理财概念（我们将在下面讨论），仔细权衡你最认同的那个兄弟的道路，并接受你最害怕的事情（英年早逝或晚年死于贫困）。有了这些知识，你就可以制订一个财务计划，平衡当下的重要性和未来的财富需求。毕竟，我们大多数人并不像我父亲那样，知道自己的生命何时结束。

了解你的净资产状况

一个好的导航系统都需要两个数据点来规划路径：起点和终

点。尽管你可能对自己的目的地有清晰的预期，但你在定义当前所处的起点时花了多少心思？你知道你的净资产吗？

信不信由你，大多数人都不知道他们拥有多少，欠了多少。他们将自己的财务状况视为不规则的一团儿，并且没有系统的方法来评估他们所处的位置。但是无论你决定走哪个兄弟的道路，你都需要对自己的实际财务状况有一点了解。

到目前为止，我们已经大致地讨论了净资产，但我还要用几段文字来解释如何以及为什么是时候变得更加精确。让我们从一个定义开始。

最简单的计算是，你的净资产等于你的所有资产减去所有负债。它是通过列出你拥有或欠下的所有有价值的东西来计算的，包括现金、不动产、财产、投资、债务等（见表 5-1）。

资产 – 负债 = 净资产

表 5-1　净资产

资产	负债
支票账户	消费贷款
储蓄账户	个人贷款
退休储蓄	学生贷款
不动产	按揭贷款
汽车	汽车贷款
	其他贷款

第一步是写出你拥有的所有有价值的东西（资产）。

此计算中使用的常见资产如表 5-1 所示。此时，不需要面面俱到，不包括衣服和易消耗物品等价值较低的物品。

接下来，你的负债是什么？这是你目前欠的钱，包括消费贷款、学生贷款、按揭贷款和汽车贷款等。然后通过从资产中减去负债来计算你的净资产。就是这么简单。

如果你得出的数字大于零，恭喜你！你拥有正的净资产。你拥有的比你欠的多。如果你的数字小于零，不必绝望，这只是意味着你还有一些工作要做。事实上，负净资产对年轻人来说是相当普遍的，部分原因是按揭贷款和学生债务。虽然负净资产并不理想，但房屋通常会使资产升值（随着时间的推移而升值）。我们利用少量资金来拥有价值更高的东西。这并不总是一件坏事。

现在你已经计算了你的净资产，你可以如实评估你在哪里，即你的起点。这很重要。大多数人完全不知道他们在经济上所处的位置。他们认为"无知是福"，这能使他们避免处理经济困难时的情绪压力。

这种无知听起来与大多数人对待死亡的态度出奇地相似。起初，他们会做许多事情来拒绝面对现实。然而，一旦克服了这个障碍，就很容易决定他们接下来的旅程是什么样子。

无论你最害怕什么，了解你的净资产至关重要。如果英年早逝是你最大的恐惧，好好计算你当前的资源以及可能使亲人背负的债务，对于你决定有多少资金可作为当前的及时享乐基金（我们在第 3 章中讨论的"人只活一次"基金）非常有帮助。

想一想第 4 章提到的房地产专家莎莉妮。她了解并建立正的净资产，再加上她对多发性硬化症导致寿命缩短的了解，因此她能够最大限度地从蓬勃发展的被动收入项目中获得月收入。她抓住机会环游亚洲，当时她还有体力和精力，她还为她两个心爱的侄女设立了一个大学基金。她没有必要为持续数十年的退休储蓄担心。

对那些觉得未来会长寿的人来说，这个计算是你通往财务自由的切入点。令人高兴的是，使用一些基本计算很容易定义财务自由之路的目的地。

注意缺口

储蓄的能力超过赚钱的能力是成功的财务生活最明显也是最好的秘诀。你只需要学会注意缺口。

赚的钱 – 花的钱 = 储蓄缺口

仔细研究这个等式，你可能会觉得收入和支出同等重要。然而，事实要复杂一些，它们各有各的局限。能够赚取的额外的钱是有限的，因为我们的实得工资不是应得工资的全部，这取决于你的薪水属于哪个税级。山姆大叔①总是能得到他的分成。与赚来的钱不同，储蓄（没有花的钱）永远不可能是无限的。你不能从石头上挤出血液。然而，储蓄不受税收拖累的影响。当你选择不花100美元时，你将获得保有100美元的全部好处。当你额外赚到100美元时，其中至少有1/3归政府。

储蓄在你实现财务自由和提早退休的道路上有多大力量？皮特·阿德尼，也被称为"钱胡子先生"，是选择大哥道路的典型代表，他根据储蓄率（定义为储蓄占实得工资的百分比，回报率为5%）计算了不同家庭退休前的工作年限。表5-2中的数据是他算出来的，结果令人震惊：将储蓄率提高5%就可以提早退休！

钱胡子先生的计算方式和净资产假设有助于理解我们稍后将讨论的4%安全提款率。具体赚多少钱并不如储蓄率那么重要。

不言而喻，当你适当地修改预算并开始注意储蓄缺口时，你将积累多余的现金。你如何处理多余的现金与你对余生的恐惧有很大关系。我的父亲知道自己将英年早逝，选择利用储蓄缺口来享受他在世上的有限时间。这对他来说是一个非常合理的决定，并且最终产生了有意义的回报。而我正在为永续赚钱机器这个最终目标而囤积资源并建立资产。

---

① 在美国，"山姆大叔"多被用作美国政府的代指。——译者注

表 5-2　退休前的工作年限

储蓄率（%）	退休前的工作年限
5	66
10	51
15	43
20	37
25	32
30	28
35	25
40	22
45	19
50	17
55	14.5
60	12.5
65	10.5
70	8.5
75	7
80	5.3
85	4
90	小于 3 年
95	小于 2 年
100	0

资料来源：mrmoneymustache.com。

永续的赚钱机器

随着我们对财务自由的看法的转变，我在第 4 章中分享的三种方法也在变化。虽然那些认为自己生命有限的人对"活在当下"更感兴趣，但那些期望长寿的人必须采取截然不同方法来获得长期财富。如果你建造一个永续的赚钱机器，现金就会源源不断地流入。但是这有个前提：你必须建造出来。这才是真正的工作所在，具体情况会因你的风格而异，但每条实现财务自由的途径都必须集中在**赚钱**、**储蓄**、**投资**这三个方面。

赚钱，是指通过前期吃重，可以让你的收入和经验实现复利，发展可以长期支撑你的被动收入，或者追求你的激情人生。

储蓄，是指使用节俭作为工具，并在必要时让节俭成为一种生活方式。

投资，是指将钱投入资产类别分散化的投资组合中。在股票方面，选择优质低成本股票，对市场的短期起伏保持淡定。

然后持续多年深入挖掘，低下头专心工作。只要一点运气和时间，终有一天你会抬头看见正在嗡嗡作响的永续赚钱机器。你将可以自主选择如何度过你的时间。

美好的生活从来都不限于财务自由这一点。财务自由是一种超级能量，可以让你追求长期的满足感，而不受经济压力的束缚。因此，采取措施建立自己的永续赚钱机器，偶尔进行维护，并找到更好的目标来度过你的余生。

尤其是大哥这条道路，4% 法则更加重要。

4% 法则

对新晋大哥来说，关于他们的财务自由数字，最难掌握的概念是可变性。我们预测的合理程度取决于大多数财务自由新手以前从未做过的一件事：制定预算。你需要储蓄和投资多少直接取决于你想要花费多少。

跟踪支出比以往任何时候都更容易。有许多免费程序可用，比如由 Mint 和 Personal Capital 等公司开发的程序。或者，如果你想要更多功能，有一些付费程序相当便宜且物有所值，比如"你需要预算"（YNAB）这个软件。当然，自己动手记账或制作电子表格也很好。在这些选项中选一个就足够了。

一旦你把你的月均和年均支出制成表格，一个简单的计算就可以确定你需要投入多少资产来养活你的余生，而无须再工作。

许多研究都分析了**安全提款率**（SWR），这是你每年负担支出后剩余资金的总投入资产的百分比。这些计算假设你把资金积极投资于股票和债券，并通过年平均回报积累财富。

安全提款率，是一种计算退休人员每年可以从其积累的资产中提取多少资金而不会在去世前耗尽资金的方法。

4% 法则是公认的标准。它基于 1998 年三一大学的三位经济学教授发表的文章。作者研究了 1925—1995 年这 70 年每年的股票市场数据。[1] 他们发现 4% 是 30 年退休期的最佳安全提款率。

> **4% 法则，**你在退休后每年从你的投资组合里提取 4%，便能获得舒适的生活；4% 是使用了 70 年的股票和债券回报的历史数据计算出的。

换句话说，你需要储蓄每年支出额 25 倍的金额。因此，如果你每年靠 4 万美元生活，你将需要积累和投资 100 万美元（4 万美元 ×25 =100 万美元）。

然而，1998 年以来，一些研究人员和著名经济学家已经将这一百分比上调或下调了 0.5%。确切的百分比会因为接下来将讨论的对 4% 法则的一些合理批评而有所不同。

对提早退休的人来说，最重要的是投资资产可能需要存续 30 年以上。如果在退休后的头十年内出现严重经济衰退，这些期限较长的投资组合将面临风险。这种现象被称为回报序列风险，会迅速耗尽储蓄，并随着时间的推移减少资产的复利。其他反对意见指出了"一刀切"公式的危险。考虑到意外费用、医疗保健费用和离婚等常见但不可预见问题的可能性，安全提款率计算并不像人们希望的那样适用。

---

[1] P. L. Cooley, C. M. Hubbard, and D. T. Walz, "Retirement Savings: Choosing a Withdrawal Rate That Is Sustainable," *AAII Journal* 10, no. 3 (1998): 16—21.

赫伯，我们的地理套利专家，于20世纪60年代退休，刚退休没几年就遭遇了股市的困境。他看着自己的净资产下降了近50%，然后才逐渐恢复过来。他的妻子记得有几个月他们不得不省吃俭用。她甚至一度想去当地的杂货市场打工。虽然他们的财务状况有所恢复，但还有其他困难时期，例如20世纪80年代后期的"黑色星期一"，股市崩盘让他们的收益增长被迫暂停。[①]

虽然赫伯的经历表明，这些反对意见有一定的参考价值，但我仍然相信4%法则是一个很好的经验法则，它可以根据我们自己的独特情况进行设立和修改。完美主义可能是足够好的敌人。我们不应该让这些反对意见阻止我们选择一个好的结局。

二哥和三弟的永续赚钱机器看起来与大哥的永续赚钱机器略有不同。对选择二哥之路的人来说，他们将专注于建立符合每月支出需求的被动收入流项目。这些被动收入流项目需要的维护越少，产出越持久，那就越好。此外，选择三弟道路的人会寻找他们喜欢的工作来支付每月的开销。当你热爱你的工作时，它几乎不像是工作！

"三弟"们和生命的尽头

让你的财务状况井井有条的方法是确立你自己的财务稳定之

---

① Adam Hays, "Black Monday," *Investopedia*, September 16, 2021.

路，建立一个永续的赚钱机器，并找出你的主要恐惧是死得太早还是活得太久。虽然所有兄弟的道路都能起到警示作用，但三弟似乎最能说明在经济和其他方面回避这个问题的风险。

作为一名临终关怀医生，我照顾过许多选择三弟之路的人。他们的案例有力地提醒我们，激情会如何改变我们的生活。他们往往在快去世时，仍像他们健康时一样，还有最后一辆卡车要卖，还有最后一首诗要写，或者还有棒球卡要交易。他们不愿离开这个世界的原因与恐惧的关系不大，而是与未完成事业的遗憾有关。

因为他们努力追求自己的激情，三弟可以在过完充实的一生之后体验幸福的死亡。然而，他们留下烂摊子也是常有的事。他们的家庭成员感叹他们总是得不到三弟的关注。选择追求激情的这类人还会留下一长串未参与的假期和未参加的聚会。这样看来，追求自己的激情是有代价的。

三弟最大的遗憾是没有花时间放慢脚步，停下来细嗅花香。他们从未对成就感到自豪，甚至从未觉得出色完成的工作有终点，因为他们总是专注于下一件最好的事情。在故事中，到达路的尽头后，三弟选择转身走回他来时的路。否认生命自然而然的开始和结束并不总是合理的，有时我们选择的道路太过狭隘，我们可能没有意识到暂停或进行新冒险也会带来快乐。

当你被诊断出患有胰腺癌时，你真的应该担心棒球卡吗？安吉尔担心。但是你会吗？

经济影响可能同样具有破坏性。当激情人生阻止我们制订稳定的财务计划、购买合适的保险或建立合适的顾问团队时，灾难不仅潜伏在我们身边，也潜伏在我们的家人身边。三弟容易养成不良的财务习惯，因为他们总是忙到无法做出适当的安排。

然而，我们可以采取几个步骤来减轻这些风险，并确保无论你最认同哪个兄弟的道路，你都会给这个世界和你所爱的人留下更丰厚的遗产。

风险规避：最好的财务计划有四条腿

既然我们已经定义了支撑永续赚钱机器的一些基本原则，现在是时候把我们学到的所有东西综合在一起，讨论风险规避这个问题了。我们正积累财富并将储蓄用于投资或理智地花在对我们最重要的事情上。我们知道最大的恐惧是死得太早还是活得太久。但如果我们错了怎么办？我们还能做些什么来保护我们的财务未来？

风险规避的概念是个人理财中最重要的概念之一。新冠疫情的影响，让我们都不知道未来还会发生什么。我们无法准确地预测未来，因此我们有必要采取措施保护自己免受市场的自然波动以及我们自身财务需求变化的影响。实现这一想法的方法之一是制订一个至少有四条腿的稳定的财务计划。

虽然这是安全和健康投资的关键，但分散化投资的模糊概念可能会扼杀投资新手和个人理财新手。投资多少才够？什么是分散化投资？问题接踵而来。为了使概念更清晰，我喜欢将我的财务框架视为餐桌。在收入来源方面，最好的财务计划有四条腿来确保稳定性。少一条腿，你的餐桌很可能会翻倒。超过四条腿虽然可以增加稳定性，但也可能导致矫枉过正。

"火烈鸟"财务计划

单腿计划是最危险的，它通常建立在职工工资的基础上。就像用一条腿站着的火烈鸟一样，它会被轻易推倒。

火烈鸟财务计划是什么样的？

这是一个"不死不休"的打工人，他唯一的收入就是他的薪水。他的退休金与固定福利养老金挂钩。他持有的唯一股票就是他以折扣价购买的公司股票。

这是最不稳定的财务计划。所有的鸡蛋都放在一个篮子里，一个丑闻就会导致他破产，就像安然公司一样。

"两条腿"财务计划

"两条腿"稍微好一点，但也不够。和刚才描述的火烈鸟财务计划一样，但两条腿财务计划不是只投资公司股票，而是将额外的现金投入宽指数、低费用的共同基金（和债券）中。通过增加一点多样性，财务计划变得更加稳定。与单腿火烈鸟的计划不同，两条腿财务计划不会被一阵微风一吹即倒。

虽然比火烈鸟稍微好一点，但这种特殊的分配组合也存在可预见的问题。股市崩盘导致公司倒闭，对制订两条腿财务计划的朋友将是灾难性的。他不仅可能被解雇，而且将不得不清算其低迷的投资组合以维持生计。

"三条腿凳子"财务计划

这是我们最接近稳定的财务计划。如果我们在两条腿上加上房地产资产，承受压力的能力就会变得更强。虽然三条腿凳子财务计划是一种改进，但我仍然会说最好的财务计划有四条腿。如果你的房地产价值下降，你的财务计划就像被锯掉了一条腿的凳子。现在你有一个高度不稳定的财务结构，随时可能倒塌。

"餐桌型"财务计划

餐桌型财务计划是一种美国传统财务计划。没错，它是最稳定的。它坚固且结构精良，通常人们可以终生依赖这件家具。当我们把这个比喻应用于收入流时，这意味着在我们已经多管齐下的财务计划中增加了副业。

- 第 1 条腿：工资、公司股票、养老金。
- 第 2 条腿：宽指数、低成本的共同基金（和债券）。
- 第 3 条腿：房地产。

- 第 4 条腿：副业。

从餐桌上敲下一条腿，重量重新分配一下，它可以继续站立，直到受损的腿得到加固，这就是一个伟大的财务计划。腿甚至可以互换。也许你想用加密货币代替你的房地产资产，选择是无穷无尽的。财务自由需要利用多样化方法进行开源，以规避未知的风险。

即使在退休后，这些规则仍然有效。例如，人们可以用优质的保险单［如**单次保费即时年金（SPIA）**］替代工资收入，或者开始从企业年金账户或养老金中提取分配。

> **单次保费即时年金**，是指与保险公司签订的合同，合同约定你给保险公司一笔总付的钱，然后保险公司在你的余生中每月向你支付一笔固定的钱。

不要被变幻莫测的分散投资吓到。三兄弟的最终目的地是建立一个永续的赚钱机器，它不仅要养活你，还要降低你可能会遇到的风险。虽然每个人的道路不同（前期吃重、被动收入或激情人生），但所有兄弟都需要知道如何赚钱、储蓄和投资，以创建一个四条腿的分散化财务计划。

无论你选择哪种财务自由的旅程，你都可以从每个兄弟那里学到技巧。前期吃重者可能会开展副业以增加收入，被动收入战士会选择他们热爱的业务，即使是最有激情的员工也可以投资股票市场。

我们应该将各种技巧混合，这不仅是为了更快地实现财务自由，而且是为了把时间花在有助于加强我们独特目标、身份和社会联系的活动上。同时，在为时已晚之前将马斯洛金字塔扁平化。

对那些最关心自己会不会还没机会享受自己积累的财富就死了的人来说，他们应该放慢积累财富这个过程，增加收入或减少支出，打造餐桌型财务计划，并将更多的钱花在获得机会和经验上。然而，通过创建这个基本财务框架（即使资金不足），他们正在建立一个强大的财务根基。如果他们比自己预期的多活了几十年，那么他们仍然有燃料来维持自己的旅程。

如果你的预期是对的，死亡或残疾来临得比较早，那么投资适当的保险以及一些好的理财是值得的。

保险的作用

信不信由你，但建造和维护你的财务根基时，最重要的决定之一是在可用的保险选项和决定投保多少之间做出谨慎选择。最重要的是，就大多数美国保险而言，保险是对严重或意外的坏后果的保护，比如突然离世、残疾或重大医疗保健费用。然而，对于大多数情况，这不是一种好的投资形式。我经常建议，除了极少数情况，你应该把你的保险和你的投资区分开。保险的最佳结果是，你购买了从来用不上的保单。它是你心甘情愿浪费钱的罕见情况之一。

反正我希望我的家人是这样的，我希望他们永远都不会用上这种保单。但不幸的是，事与愿违。当我父亲在20世纪80年代初去世时，我母亲获得了20万美元的保险赔付，这笔钱在股票市场上的复利收入足以支付所有孩子的大学和研究生教育费用。虽然听起来钱很多，但还远远不够。而且由于一个文书错误，我父亲雇主承诺的100万美元的保单从未被落实。而这100万美元能给我们的家庭带来多大变化？

根据4%法则，100万美元的保单赔付可以确保我母亲每年提取4万美元来满足我们的家庭需求。从这些数字来看，我们早已实现财务自由。如果母亲愿意，她本可以不用再担心她的收入并退休。而那额外的20万美元仍然可以用于支付我们的教育费用。

而现实却是，我母亲在我父亲去世后不久就不得不争分夺秒地寻找工作。父亲的保险赔付不足以让我的母亲远离这些担忧。

正如我的故事所示，保险可能是你最重要的购买决定之一。接下来让我们看一些值得更深入讨论的保险类别。

第一，人寿保险。如果你有需要供养的家人，比如你有孩子、配偶、父母、亲戚或任何你不再供养他们就会陷入麻烦的人，你应该购买人寿保险，就是这么简单。值得注意的是，没有家庭或没有需要抚养亲属的单身人士可能不需要人寿保险，已经财务自由的人也不需要。他们已经拥有为他们创造收入的资产，并且不依靠工作来支付账单。

接下来，还需要考虑人寿保险的类型和金额。保险有多种形式和衍生物，但出于本书的目的，我们现在研究的是**定期人寿保险**。其他形式的保险往往更像是一种投资工具，不仅成本高昂，而且会长期占用你的资金。保险金额更加微妙。幸运的是，我们已经使用 25 倍法计算了我们财务自由所需的净资产数额。如果你每年的支出达到 4 万美元，你应该购买大约 100 万美元的人寿保险（4 万美元 ×25）。这将使你的家人立即获得 100 万美元，然后靠每年 4% 的安全提款率来生活。你还可以在每年支出中考虑其他已知成本。也许你有三个孩子，并认为每个孩子需 1 万美元才能完成四年的大学教育。因此，你可以选择金额增加到 130 万美元的保单。

> **定期人寿保险**，是指在有限的时间内（约定期限）以固定的支付率提供保险赔付的人寿保险。

第二，医疗保险。绝大多数美国人通过雇主获得医疗保险，并且通常只支付实际保费的一部分。此外，灵活就业人员必须自己购买保险，并且可能会与高额保费和自付额做斗争。美国《平价医疗法案》的通过使一些州的情况有所改善，并降低了有资格获得补贴的人的保费。还可以选择通过保险代理人或医疗保健公共服务部（HCSM）购买保险。

医疗保健公共服务部的保险因其低成本和广泛的覆盖范围而受到财务自由人群的欢迎。从专业角度来讲，它不是保险，而是由一群志同道合的人组成小组，他们聚集在一起分担彼此的医疗负担。

第三，长期失能收入损失保险。每个工作的人都应该上一份长期失能收入损失保险。这对于选择依靠自己热爱的工作来谋生的人尤其重要。如果你去世，人寿保险将使你的家人受益。如果你发生事故，虽不致死，但无法工作怎么办？那你的收入从哪里来？

还有几种类型的失能保险。通常，雇主会为你提供团体失能保险。不同雇主提供的保险不同，通常不如拥有自己购买的保险那么好，也不会更适合自己。当你从一个工作换到另一个工作时，前一份工作上的保险通常就失效了。

关于失能保险的细微差别足以推翻我在这里的讨论，但我认为如果可能的话，你最好拥有自己的保单。该保单应为保险公司根据你的收入允许的最高金额。你可以切换不同的保费附加条款，如生活费用调整（Cost-of-Living Adjustment，简写为COLA），这将影响保单的总成本。

我照顾过许多临终患者，在患上绝症之前购买失能保险对他们来说至关重要。例如，塞萨莉几十年来一直在与狼疮做斗争，她在电气工程领域的职业生涯很成功，并且她的收入是丈夫基普和他们两个孩子的唯一经济来源。她在45岁患第一次脑卒中后，她清楚地知道将无法在工作中履行日常职责。由于基普需要留在家里照顾她和孩子，如果没有塞萨莉雇主提供的失能保险，这个家庭就会失去支撑（她的狼疮使她没有资格购买自己的个人保险）。

这些保险赔付支撑了他们很多年，直到她再一次脑卒中，需要临终关怀治疗。我记得我和基普坐在塞萨莉的床边，回忆起她丧失行为能力之前的生活。即使在第一次脑卒中之后，这笔失能保险赔付也让他们在家里度过了宝贵的几年。

第四，长期护理保险。近年来，长期护理保险变得越来越昂贵，因此对许多人来说遥不可及。如果出于健康问题或事故等原因，你需要在家中或疗养院里进行长期护理，并且需要医疗设备支持或有其他医疗需求时，这种保险将会涵盖相关费用。那么，如果你有多余的钱，并且觉得成本合理，那你应该在保费最低的时候，或是在你年轻时就购入这种类型的保险。

还有许多其他类型的保险，但对大多数人来说，以上提到的保险就已经构成保护你的家庭和遗产的良好基础。请记住，保险通常不应该是一种投资，除非是最专业和最富有的那部分群体。

如何获得正确的财务建议

毋庸置疑，我们中有许多人都是"自己动手的人"。我们喜欢使用自己的技能驾驭生活，并且不愿意为服务支付额外费用。但是，同样非常真实的是，有些问题太专业了，因此我们需要聘请专家成为我们的顾问。其中有几类专家是非常必要的。

这些专家的目标不仅是帮助你更有效地建立永续赚钱机器，

也是帮助你识别风险管理计划中的弱点。对于那些担心英年早逝并希望留下稳定遗产的人，这一点尤其重要。

首先要考虑的是会计师。虽然许多人可以而且确实正在管理他们的年度纳税申报表，但如果你的财务情况变得更加复杂（在某种程度上，这是人生目标），不时从会计师那获取建议，将为你带来可观的回报。特别是如果你正在开拓业务，购买或出售房地产时，或者你想要利用一些更巧妙的减税技术，如资本利得的节税技巧时。

其次，遗产律师也是一个不错的顾问。如果你要起草遗嘱或信托，这样的律师是必不可少的。当然，在线法律咨询也可以帮你解决一些问题，但真正的遗产律师可以帮助解决更复杂的遗产规划问题。你积累的财富越多，你就越有可能需要一位优秀的财务导向型律师来帮助你管理和保护这些财富，以传递给你的家人。

最后，还要考虑你是否需要财务顾问。答案可能取决于几个问题。如果你愿意每个月花几个小时学习和阅读，并且对自己在金融动荡中站稳脚跟的能力充满信心，我认为你可以自己做这件事以节省相当多的钱。因为普通财务顾问每年会收取高达你总资产的 1% 的报酬，但他可能并不会提高你现有的投资回报率。

此外，财务顾问不仅仅关注投资回报率。他们可以帮助你进行长期规划并规避风险，在你即将让情绪欺骗你做出错误决定时发出理性的声音。可以肯定地说，超过 50% 的人可能会在某个时候需要财务顾问。因此，如果你要聘请一名财务顾问，还要了解以下两个重要方面。

一方面是，**受托财务顾问**如何获得报酬？有以下几种常见类型。第一种是我最不喜欢的类型，即一名财务顾问通过向你出售理财或保险产品获取报酬。虽然你不需要直接为服务付费，但这种安排留下了最大的操作空间。顾问将为了拿到绩效奖励而向你出售某些产品，这些产品从长远来看可能符合你的最佳利益，但也可能不符合。

在我看来，第二种是更可取的类型，即向财务顾问支付相当于资产管理规模（AUM）一定比例的报酬。虽然这种安排降低了顾问向你推荐一项产品的可能性，但顾问很可能会建议你将所有资金投入他们提供的产品，而不是投入房地产或创建小企业。

最后一种类型，我认为是最有益的，而且受到偏见的影响最小，即每小时咨询付费法。你向顾问支付每小时费用以为你提供建议。虽然这种安排在短期内似乎成本更高，但我相信从长远来看，这种模式可以提供更好的建议以为你节省资金。

另一方面是，无论你的顾问如何获得报酬，都需要确保他们具有资质来担任受托人。一些需要查证的资质包括注册财务策划师（CFP）、注册基金专家（CFS）和特许投资顾问。这些资质将有助于确保你的顾问至少接受了最低限度的培训和教育。

受托财务顾问，是指在管理客户资产时考虑客户最高金融收益的顾问。

没有人知道未来会发生什么，我们不妨今天就把财务状况整理好。了解了通往财务自由的不同途径，我们就可以开始研究我们的永续赚钱机器了。我们可以认真考虑在金钱和死亡方面最让我们害怕的是什么，是现在就花钱，还是在我们认为合适的情况下延迟满足。

保险和适当的财务计划可以帮助我们确保自己的财务遗产能够经受得住任何动荡事件。保险能帮助塞萨莉、基普以及他们的孩子挺过危机，它也可以为你服务。

你觉得已经掌握了自己的财务状况，但还要看看你所爱的人。虽然你可能已经接受了自己的死亡并开始做出相应的计划，但你的父母、兄弟姐妹或孩子往往还对此毫无准备。

学习开启这些艰难的对话，并拯救自己和家人免于遭受财务计划不周导致的心痛，这是下一章要解决的问题。

练习5：计算实现财务自由你需要多少钱

1. 在下周的日程安排中选择 2~3 天，每天腾出 1 小时。在此期间，找一个安静、舒适的地方，确保关闭所有电子设备，让身体得到充分休息，没有饥饿感，然后集中你的注意力。

2. 如果你到目前为止还没有这样做过，请选择一种方法来跟踪你的支出。有几种供选择的方法：使用免费的记账类应用程序，或使用纸笔。

3. 回顾信用卡和银行卡对账单。你把钱花在哪个方面最多？是食物？住所？交通？虽然这可能是开始削减这些开支的最佳时机，但请给自己一点时间，不要感到羞耻或内疚。请记住，较大的费用因月而异。你可能需要查看 6~12 个月的平均支出，才能真正掌握每月支出情况。

4. 现在，将你的每月平均支出乘以 12，然后再乘以 25。如果你每月平均花费 5 000 美元，你的计算将是，5 000×12×25=150 万美元。

5. 这就是在当前消费水平下要实现财务自由需要的钱。根据 4% 法则，你可以安全地每年提取 6 万美元（150 万 ×0.04=6 万美元）。

6. 现在将你实现财务自由需要的钱与你在本章前面计算的当前净资产进行比较。如果它们相差甚远，请不要担心。因为之后这些数字还会变动，你的工资会增加，利息会产生复利。

7. 如果你感觉这个金额无法实现，暂时不要打退堂鼓。许多人低估了储蓄、节俭和复利的力量。未来几周内认真思考你从这个练习中获得的知识。

8. 经过深思熟虑，如果这些数字仍然让人望而生畏，那么大哥的路可能并不适合你。也许你是二哥？或是三弟？

第 6 章
是时候与家人谈谈钱了

作为一个尽职尽责的儿子，马特在我们会面的前一天晚上就从洛杉矶飞往芝加哥，以便充分休息并做好准备。他母亲被确诊患有老年痴呆症，初级护理医生建议对其进行临终关怀。马特对父亲在过去十年中提供的无微不至的照顾十分感激。母亲的相关文件井井有条，而且在她的精神状况变差之前，她的愿望已经实现了。他的父母经济状况良好，可以负担得起马特母亲在家中去世前所需的全天候护理。

我记得我向马特保证他的母亲可以得到最好的照料，让他安心回到洛杉矶。我没有想到还不到一个月，他就赶回芝加哥，因为发生了一场我们都没有预料到的危机。

但这个危机不是他母亲病情的恶化，这一直在我们预料之中。这个突如其来的危机是马特父亲所遭遇的健康问题。新冠病毒的意外感染压垮了马特的父亲，他躺在呼吸机上失去了知觉。这让马特惊恐地意识到，他不仅会在较短的时间内失去双亲，而且他从未获得过父亲的财务授权书。

几年前，在他母亲还没有衰弱到如此程度之前，律师建立的遗嘱和信托规定，如果他的父亲去世，马特将完全控制他父母的财产。马特作为能够做出决定的第一顺位亲属，自然获得了父母双方的医疗授权书。但由于他的父亲还活着（虽然昏迷不醒），马特无法获得他们家的财产。

那谁来支付医院账单？谁来承担他们雇用的额外护理人员的花费，以使他的母亲在家得到舒适的疗养？

我们的社会工作团队和牧师主动提出要帮助马特走昂贵且耗时的**监护令**申请流程。而令人心碎的是，马特的父亲在我们提交文件之前就去世了。马特唯一的安慰是，现在他可以获得必要的资金来支持母亲生命的最后时光。

他父亲走后没几天，他的母亲也去世了。

> **监护令**，是指由法官任命监护人来管理由于年老、身体或精神受到限制的当事人的财务和日常生活。

如果不是现在，那是什么时候

像马特这样的故事并不少见。即使你仔细遵循了前一章的建议，并且你自己的财务状况井井有条，你的父母、孩子或其他亲人仍可能陷入财务困境。通常，混乱不是你自己造成的，就像马特的不幸遭遇一样，认识到有些事情是错误的时候已经太晚了。

相信我，我知道这些对话绝非易事。它们可能很复杂，让亲人不舒服，并可能让亲人感到难过和精神紧张。但这些困难不应阻止我们进行这类沟通。相反，没有进行这类沟通的后果太大，而解决方案却没有大多数人想象的那么复杂。

如果你现在不打算和你爱的人进行这种对话，那你准备到什么时候？当他们丧失行为能力后？当他们深陷于身体或精神上的痛苦时？当你在法庭上，聘请了一位昂贵的律师来为无法再表达自己意愿的父母的权利和尊严发声时？当你筋疲力尽，无法向孩子表达你的愿望时？

作为一个儿子，我和我的父母有过这些对话，因为我和他们生活了几十年。我曾为无数患者子女提供过咨询，因为他们在父母勇敢地面对绝症时痛苦不已。我继续在"赚钱与投资"播客上与嘉宾和听众交谈，我专注于帮助家庭成员梳理他们的财务生活。

无论我当时的身份是什么，我总是倾向于用同样无聊的老问题开始一段谈话："如果不是现在，那是什么时候？"

我得到的答案通常也是一样的："等我们知道怎么做的时候！"

开启艰难对话的方法

金钱和死亡是美国文化中最忌讳的话题，这两者的忌讳程度不相上下。我们不喜欢谈论金钱，我们也不喜欢谈论死亡。当然，我们更不想一起讨论它们。然而，为了避免自己处于与马特类似的处境，并保护我们的父母，我们将尝试消除这些话题的污名。我很想说有一个放之四海而皆准的解决方案，比如只需按下一个简单的按钮就可万事大吉，但那过于简单。因为我们每个人都是一个拥有无数复杂关系的个体，对我有用的技巧可能对你来说作用有限。话虽如此，还是有一些简单的入门方法可以引入这些困难的话题。

方法一

"嗯……爸爸妈妈，我正在考虑与遗产规划师聊一聊，准备开始着手制订我的家庭规划，以防万一我出了什么事。你们有立过遗嘱或信托吗？你们觉得我应该怎么做？"

开启一个困难话题的简单方法之一是寻求建议，无论你是否需要建议。这是一种很好的非对抗性对话开场白，可以评估你的父母在遗产规划进程中所处的位置，他们是否已经开始了这个进程，以及他们是否愿意与你讨论。虽然这个方法并非万无一失，但你的父母感觉到你需要他们的帮助，这可能会让他们更容易接受，愿意分享他们的想法。此外，当他们描述他们所创建的规划时，你可能会从中学到一些有用的技巧，而且你也将深入了解他们的思维过程。

如果你正在与精通财务或身为高级规划师的父母打交道，这种方法特别有效。你可以打着制订自己计划的幌子询问他们的决定，并与他们讨论他们的决定将如何影响你和你的其他家庭成员。

方法二

"我有没有跟你说过我的朋友马特？在他父亲感染新冠病毒时最可怕的事情发生了。他们发现，除了患有痴呆的母亲和突然需要依赖呼吸机的父亲，没人有资格使用家里的银行账户。我希望我们永远不会面临这种情况。我们该如何准备？"

我们深受朋友和熟人的磨难和失误的影响。与其直接询问父母的财务状况（这可能会很尴尬和不愉快），不如将谈话去个性化。其他人所经历的可怕情况可以自然地转到你自己的恐惧和担忧上。

谈话从我们将如何处理你的钱转向我们如何保护家庭成员，避免使其成为计划不周的受害者。这个方法消除了谈话中对抗性的感觉，并引入盟友关系。

我们是一个战队的！

方法三

"嘿，爸爸妈妈，随着年龄的增长，我想了很多在这个世界上留下印记的可能性。你们认为留给我、我的兄弟姐妹和所有孙子孙女最重要的遗产是什么？你们希望走了以后我们怎么记起你们？"

在最基本的形式中，遗产规划只是遗产的一部分。我们希望我们的孩子、孙子、朋友和其他家庭成员如何记住我们？这种对话有两个方面的意义。

一方面是降低风险。我们不希望我们的死亡对家人留下的只是灾难、准备不足和毁灭性的打击。我们最不想留给亲人的记忆是，在我们临终的那段时光里，只剩下死亡带来的遗憾和内疚。进行全面细致的讨论后，达成医疗和财务授权书，将我们的法律文件留在亲人可以找到的地方，并且最好事先告知我们的遗愿。这些步骤将有助于马特应对他父亲去世时近乎灾难性的处境，也可以大大减轻这种风险。

另一方面是定义我们的父母在去世后将以何种方式留在我们的生活中。他们会给我们留下哪些物品、故事，甚至金钱，这些东西会让我们如何追忆他们？我爸妈买的破旧小屋，已经被一家三代人都住过了，它仍然是家庭纪念品吗？是否还留下了资金给子孙后代享用？

确定这个遗产是什么样子的唯一方法就是询问他们。重要的是要明白，遗产并不意味着将父母的财富分配给家庭成员或其他人使用，而是为了让父母在未来几年留下自己的印记。

值得注意的是，仅仅使用这三种方法来谈论这些重要问题是不够的。它们只是一座将你所爱之人的遗产写在法律文件上的桥梁。为了真正做到把遗产落实到书面，我们需要深入探讨我所说的遗嘱文件。

遗嘱文件

没有什么比临终关怀工作更能让人认识到遗产规划的重要性了。虽然这是一个宽泛的主题，而且整本书都致力于讨论这个东西，但一些直接、简单而快捷的步骤将极大地改善我们的生活以及父母和亲人的生活。

你会注意到，我已经去掉了"财产规划"这个词，取而代之的是"遗嘱"。这不是用于确保你的财产的文件，而是一份旨在用法律保卫你父母（或你自己）留下的遗产的指南。当我们创建一系列法律文件来编写这些指导时，我们就是在创建遗嘱文件。

第一步，可能是最简单的，就是审查我们父母所有重要账户和保险的受益人。这应该每年进行一次。过去一年的生活发生了变化吗？是否有离婚、亲人死亡或孩子已成年的变化？这些事件都可能影响我们的父母希望将谁列为他们遗产的受益人。通常来说，我们要审查的是养老金账户、企业年金账户、个人退休账户和人寿保险单。

珍妮从没想过自己会和临终关怀护士坐在一起，看着她年仅40岁的丈夫蒂姆在一次严重的心脏病发作后离开人世。那是一个春天，在阳光明媚的早晨，当时他出门去慢跑，他的身体似乎还挺健康的，结果却突发心脏病。尽管处境很糟，但她还是感到一丝安慰，因为她知道蒂姆多年前购买的保险将为他们羽翼未丰的家庭提供保障。

想象一下，当珍妮发现保单上的受益人是前女友时，她感到多么震惊。显然，蒂姆在与珍妮相识并结婚后忘记了要去更新他的保单。但幸运的是，前女友慷慨地将保单给予了她，使难以置信的困难情况变得容易一些。

你不会想陷入这种境地的。

所以，关于指定受益人的问题也需要注意：你的父母是否为所有账户都指定了遗产受益人？通常，对于支票、储蓄或经纪账户，你可以指定在自己去世以后将这些账户转移给谁。为什么这很重要？因为缺少遗产规划就需要所谓的遗嘱认证。如果你未能制订遗嘱或遗产规划，那么你的遗产就会根据你所居住的州的法律进行分配。为了明确你的资产分配，司法程序将会核验所有决定。这个过程漫长而昂贵，使律师和其他人都很疲惫，你应该不惜一切代价避免遗嘱认证！

许多人错误地认为制订**遗愿或遗嘱**就可以避免遗嘱认证。不幸的是，事实并不是这样。遗嘱认证制度实际上是为了裁决遗嘱而建立的。而遗嘱对于你表达如何分配金钱、实物和财产的愿望很重要。遗嘱可以在律师的帮助下起草，或者，如果你更喜欢自己动手，你也可以上网研究。虽然制订的遗嘱并不总是有效的，但你父母可以指定哪些重要的东西归哪些家庭成员，这是规划遗产的好起点。

> **遗愿或遗嘱，**是一份法律文件，表达了一个人对死后财产如何分配的愿望。

如果你真的希望你所爱的人避免遗嘱认证程序，你必须定期更新遗产的受益人，整理受益人契约文件，并建立信托。信托这个概念超出了本书的范围，但在你处理了遗产规划的一些基本问题后，在法律专业人士的帮助下值得建立信托。

虽然遗嘱文件是需要你与父母一起制订的遗产规划的重要组成部分，但如果你想避免发生在马特身上的事情，你还必须同时处理法定医学遗嘱文件。

法定医学遗嘱文件

有许多法律文件可以帮助确保你的父母在离世时拥有他们努力维持的尊严。花一些时间讨论和填写这些表格，你的父母将会知道在生命的尽头你做了符合他们心意的事。虽然你必须与你的家庭律师和医生讨论以完成这些文件，但我会简要描述哪些文件是最重要的。

医疗授权书（POA），是指你的父母（或你自己）指定在丧失行为能力时可以为他们（或你自己）做出医疗决定的人。丧失工作能力通常由医疗专业人员认定，他们将评估患者的能力，即他们在医疗护理环境下对自己所做决定带来的后果的理解能力。值得注意的是，医疗授权书只有在当事人无行为能力的情况下才会启动。如果一个人清醒，那么他们自己可以做出医疗决定。在没有正式文件的情况下，大多数州都有一个自动继承计划，从合法配偶开始，然后是长子，依次类推。尽管我们很想在确定医疗授权书的代理人后就置身事外，但重要的是我们要意识到，我们指定的这个人必须是值得信赖的，并且对患者在任何特定情况下想要做什么都有深入的了解。因此，与这个人进行详细的对谈是值得的，这样他们就可以在必要时做出正确的决定。

财务授权书，确定一个值得信赖的代理人，代表你的父母处理财务事务。你的父母不必等到无行为能力时才启用此代理，并且这份授权书在委托人死亡时自动失效（当财务遗产文件生效时）。与医疗授权书不同，如果没有提交正确的法律表格，则没有自动继承计划。这就是马特的错误，如果你不小心，这也可能会成为你的错误。

生前遗嘱，是一份合法的书面文件，它规定了如果一个人失去发声能力，他们愿意或不愿意做什么治疗。一些治疗偏好，如疼痛管理和器官捐赠，可以在这份书面文件中详细说明。当事人是否应该继续维持生命以及维持多长时间也可以写在这份文件里。虽然从法律上讲，医疗授权书不应该凌驾于生前遗嘱之上，但我确实在现实生活中遇到这种情况。因此，拥有可靠的医疗授权书代理人，确保代理人了解患者意愿变得更加重要。

维持生命治疗的医生命令表格（POLST），通过鼓励临终关怀的提供者、患者和家庭讨论危重疾病并编写一组具体命令，作为患者病危期间的指导来明晰和改善临终关怀。表格的形式因各州而异，但它通常会明确，患者在接近生命尽头时，是要接受生命支持还是人工营养。这种形式在很大程度上取代了过去经常使用的"不复苏"（DNR）形式，而"不复苏"形式允许患者在不接受心肺复苏（CPR）或其他形式的延长生命护理的情况下去世。许多人，尤其是那些患有绝症或慢性病的人，会选择放弃生命支持，以他们认为更快、更平静或更自然的方式死去。

孩子们，是时候谈谈了

到目前为止，我们一直专注于自己可以与父母进行的重要对话，以确保父母的财务（和医疗）状况井井有条。然而，随着我们的孩子的年龄增长，我们理应开始与他们进行同样的对话。

首先，我们可以遵循我们刚刚给父母的建议，开始制订我们自己的遗产规划和文件。正如我父亲让我意识到的那样，死亡不仅仅是发生在祖父母身上的事情。如果你已经到了可以自己赚钱的年纪，那么你也已经到了做这些事的年纪，你可以思考你的遗产是什么，并按照这个计划采取行动。

其次，同样重要的是，我们可以开始向他们传授我们在本书中学到的金融知识，帮助他们解决当下在紧迫性和延迟满足方面的困难。同时，我们还可以引导他们审视每个兄弟的道路，并帮助他们找到适合他们风格的财务自由之路。

但这并不总是那么容易。我的朋友 J. L. 柯林斯拥有丰富的金融知识，并且他很高兴能传授给他的女儿杰西卡。然而，在他女儿上高中时，柯林斯准备向她传授这些知识，他的女儿却还没有准备好吸收或听取他必须教的知识。在尝试了几次教授知识的谈话后，他放弃了，最终决定写博客来记录他的想法，等待女儿做好准备倾听的那一天。

他的书《通往财富的简单之路》（*The Simple Path to Wealth*）现在已经指导了成千上万的人，指导他们梳理财务状况并实现财务自由。[①] 几年后，杰西卡走在了财务稳定的道路上，并将父亲的建议铭记在心。

有时，帮助孩子会让你意识到他们的财务自由之路与你的道路大不相同。在明尼苏达州一个名为 CampFI 的活动上，我遇到了一对父子，他们对金钱的信仰有重大差异，但开始和解。父亲是一名医生，热爱学术研究。然而，儿子觉得大学生活不能满足他的需求，对创业的想法更感兴趣。他们都赞同财务稳定是为了回馈社会并带来变革。父亲曾向儿子推荐"财务自由"运动，将其作为自己所走的职业道路的可行替代方案。因此，他们一起来到这儿闭关，寻找新的前进道路。

我们留给孩子的财务遗产不必过于复杂。通过示范正面或负面行为，他们可以从我们的经验教训中受益。花时间与你的孩子

---

① J. L. Collins, *The Simple Path to Wealth: Your Road Map to Financial Independence and a Rich, Free Life* (Scotts Valley, CA: CreateSpace, June 18, 2016).

沟通，讨论你为什么做出这些决定。打破谈论金钱的禁忌，并且一次只探讨一个话题。

"财务自由，提早退休"与紧急情况活页夹

虽然我们花了很多时间讨论如何与我们的父母和孩子进行这些艰难的对话，以及协商最重要的遗产文件，但我们现在可以采取一些步骤，在我们自己有可能英年早逝的悲惨处境下使前进的道路变得轻松。

你是否完成了紧急情况活页夹（in case of emergency binder）？

我第一次听到这个词是在学习"财务自由"概念的时候。提早退休人员正在制订复杂的财务计划，这些计划可能跨越长达50年的时间。这些计划都是关于现金、投资、保险，甚至是创业的。通常，一方配偶是所有信息的拥有者，而另一方配偶或近亲不知道密码、账户余额，甚至不知道每月账单是如何支付的。

打开紧急情况活页夹。紧急情况活页夹包含重要的财务和社交媒体信息，以便在你死后或残疾的情况下让你的亲人知晓。有几个商业上可用的模板可以让你有序地存储所有敏感的账户和密码信息，以便你的亲人知道如何获取你的财务信息和保险单。

作为临终关怀医生，我一遍又一遍地听到关于紧急情况活页夹的故事，它帮助亲人避免了麻烦，节约了大量时间。我在本章前面提到的珍妮和蒂姆如果使用这个活页夹，那么他们就很可能

会更新他们所有人寿保险单的受益人，因为在他们填写活页夹时就会意识到这件事。还有一个厄尼的故事，他把他珍贵的硬币存放在车库中一个非常坚实牢固的保险箱里，却在没有告诉任何人保险箱密码的情况下离开了人世。

这些事情经常发生，对于那些已经十分痛苦的亲人，这可能会更令人沮丧。如果可以，你难道不想让他们生活得更轻松吗？

是的，你可以。

我在本章的开头提问：如果不是现在，那是什么时候？

你可能认为你还年轻，通过保持健康或整理自己的财务状况还能为自己赢得一点时间。但是，正如我们将在下一章中讨论的那样，你不能将时间商品化。你不能买卖它。

那么我们应该怎么做呢？

练习6：与你的家人谈论遗产规划

1. 在下周的日程安排中选择2~3天，每天腾出1小时。在此期间，找一个安静、舒适的地方，确保关闭所有电子设备，身体得到充分休息，没有饥饿感，然后集中你的注意力。

2. 你突然有种非常糟糕的预感。你的生命将在一周后结束。虽然这听起来很奇怪，但你确信这种预感的真实性。花点时间沉浸在悲伤中，为你和你的家人将要失去的一切哀悼。

3. 现在想想在接下来的几天里你必须完成什么。当然，你必须与家人和朋友道别，然后拥抱你的配偶和孩子。但是，你还需要向他们传达些什么？

4. 你的家人知道如何访问你所有的财务账户、保险箱和社交媒体吗？你的妻子是否知道重设自动支付水电费账户的所有密码？他们知道如何领取你的人寿保险赔付吗？

5. 拿出一张空白的纸，一一列出你所爱的人在你去世后需要的所有重要信息类型。一定要写全，包括账户及其密码，以及到目前为止你管理的生活项目所需的任何信息。

6. 如果你发生某些意外，你的家人是否拥有他们需要知道的所有信息？如果你在列出重要信息时遇到问题，请考虑购买在线紧急情况活页夹。

7. 现在让我们反过来考虑。如果是你的配偶或父母意外死亡怎么办？你知道如何访问和操作他们的账户吗？如果他们病危，你知道他们的愿望或他们想选择谁作为他们的代理人吗?

8. 你知道如何访问他们的所有文档吗?

9. 对你来说,如果这项行动在身体和情感方面都有困难,请不要难过。大多数人只有在难以说出口的事情发生时才考虑这些问题。你现在如何从解决这些问题中受益?

第三部分

临终患者唯一希望的是
拥有更多的时间

第 7 章
时间感知套利

虽然我们可能不知道我们的时间到底还剩多久，但从出生到死亡，我们活着的时间是有限的。这条真理不仅不可改变，也无法回避。

两个有关时间感知的故事

我想分享两个关于我如何体验到时间概念的故事。尽管我们经常错误地认为时间是我们可以创造或利用（或浪费）的东西，但实际上，我们的选择要有限得多。然而，这并不意味着我们完全无法抓住这个短暂的实体。时间不一定是我们的敌人。我们可以让它成为我们的盟友。

洛雷塔的故事

洛雷塔已经等了十年了。起初，她的母亲由于身体健康问题和兼职护理人员一起住进了新公寓，她们认为只有几个月的时间。后来，由于母亲突发心脏病，身体因此变得虚弱，洛雷塔便对离开小镇感到内疚。巴黎之行可以缓缓，她一直希望得到的工艺品店工作也可以缓缓，甚至新的交友软件她也不敢注册。

当洛雷塔向安养院咨询母亲的慢性心力衰竭时，她几乎放弃了自己的需求和兴趣。现在，至少，她看到了尽头，尽管这样的想法让她非常内疚。不是她想让母亲死，而是洛雷塔已经将近十年没有为自己做过任何事情了。她努力告诉自己这样一个事实，即与她的母亲不同，她自己还有时间。

但她真的有时间吗？

在芝加哥的一个早晨，在去安养院探望母亲的路上，洛雷塔在一块冰上滑倒，摔断了脚踝。临终关怀团队帮忙给洛雷塔在她母亲的隔壁安排了一个房间，这样即便是她的脚踝需要康复治疗也不会打断她多年来对母亲的支持和陪伴。

但一天后，当病房里的洛雷塔试图站起来拿一杯水时，她摔倒在地上，而且还撞到了头。当救护车到达安养院时，她已经去世了。而她的母亲安静地睡在隔壁房间，对此还一无所知。

我永远不会忘记那天，我走进安养院病房告诉我的患者，她心爱的女儿在前一天晚上因意外事故去世。

她的母亲抬头看着我，她的脸因苍老、慢性病折磨和此时无法衡量的巨大悲伤而扭曲。我将永远记得她在我耳边低语的那句话，这句话完美地诠释了我们俩对洛雷塔过早去世感到最悲伤的地方："时间不等人！"

这不是我第一次被这句话刺痛。这让我想起我的女儿莱拉终于长大，不再需要婴儿床的那一天。

莱拉的婴儿床的故事

我和妻子卖掉了女儿的婴儿床。在过去的一年里，自从莱拉得到她的"大女孩床"，而且学会在半夜醒来，在家里到处捣乱搞破坏之后，婴儿床一直被扔在角落里。起初我们只是犯懒，后来我们计划出售它，但一直没有机会。最后我们在 Craigslist 网站上发布了出售广告。日子一晃而过，没有买家感兴趣。

这是一张漂亮的新款婴儿床，没有什么磨损。最终，我们降价并重新上架了几次。开始几天还是没有反响，后来，我们突然收到一封电子邮件。一对年轻的新手父母想在妊娠期的最后几个月来看看婴儿床，并表示不会耽误我们多久。

当莱拉试图发起谈话时，他们上下打量着婴儿床，我儿子跑去拿他的陶器给他们展示。他们只花了一分钟就决定买下它。很快，我找到了工具，开始拆解莱拉生命中头两年的家。一连串的动作：拧开、抬起和搬运。收到钱后，我们祝福这对夫妇一切顺利。

当他们带着各种零部件慢慢地穿过我们的前门时，我心头一惊。我们卖了莱拉的婴儿床！我的脑海里浮现了一个未来的画面：我被关在安养院里，我笨拙的大脑在与痴呆做斗争，我变得焦躁不安，而护理人员递给我一个娃娃。因为有研究表明，照顾一个假娃娃可能会让我平静下来。我会抱着娃娃，把它当作莱拉，漫无目的地在安养院里游荡，寻找一张婴儿床给她躺下午睡。

但我找不到，因为我在 Craigslist 网站上卖掉了它。当我凝视着窗外那对年轻的夫妇小心翼翼地把拆解了的婴儿床放在他们的皮卡后面时，我觉得非常后悔。因为即使在我的大脑衰老并深陷于斑块和头脑不清之前，我也无法逃避一个基本事实：无论我多么渴望它，时间都不会等待任何人。

我们从出生的那一刻起就在走向死亡。不可否认，不可避免。出生伴随着某些不可剥夺的权利，其中最主要的就是死亡的必然性。这个事实挑战了我们的情绪健康。它创造了一种心理结构，限制了我们应对现实的能力。尽管我们可能试图控制外在干扰，但这无法被改变。我们不能创造或毁灭时间，我们当然也不能将它商品化。

然而，我们可以拉动一个杠杆来改变我们与这个短暂概念的关系，而这个杠杆就是感知。我们在人生的不同阶段对时间的看法不同。当我们年轻的时候，日子和岁月似乎过得非常缓慢。我们觉得除了时间，我们什么都没有。然而，随着年龄的增长，季节也在快速变换。当我们从事困难的事情时，时间似乎停滞不前。当我们玩得开心时，时间过得飞快。那个养育孩子的谚语在这里特别贴切：日子长，岁月短。

那为什么时间很重要呢？

由于我们不能将时间商品化，我们对生活的唯一控制形式是我们选择从事哪些活动以及我们如何看待时间的流逝。虽然乍一看，洛雷塔的故事与莱拉的故事之间似乎联系不大，但综合起来，她们的故事都证明了时间的本质是完全一样的。当我们看着我们的孩子成长时，感觉时间以一种完全不受控制的方式违背了我们的意愿。然而，作为成年人，我们的时间被我们选择的活动所占用。洛雷塔如何"填满"那段时间主要取决于她。

在本章中，我将分享如何理解生活黑客的奇怪科学来使生活更有价值和意义：从帕金森定律，"一个人执行一项任务的时间是完成它所需的时间"这句古老的格言；到帕累托法则，"我们80%的结果通常来自我们20%的工作"。

你不能将时间商品化

你有没有仔细注意我们在讨论时间流逝时使用的措辞？我们谈论购买和保存它。我们哀叹我们如何虚度光阴。我们的言辞带有交易性，就好像我们可以用一个非常坚实和可控的对象（金钱）代替更短暂和难以控制的东西（时间）。我们很难接受这样一个事实，即我们无法将时间**商品化**。我们在自欺欺人，并为自己的错误付出代价。

> **商品**，是指可以买卖的原材料或初级农产品，例如铜或咖啡。"商品化"是动词形式，意思是变成商品。

可是，在这种僵局中，需要做出一些选择。洛雷塔，作为一个体贴又充满孝心的女儿，她把情感和身体上的时间都交给了她的母亲。如果洛雷塔意识到自己很快就要离开人世，她会做出这样的选择吗？如果是你呢？

重点不是称赞或批评洛雷塔的选择，照顾母亲是一种高尚的牺牲。但悲剧在于，洛雷塔没有意识到她一开始就做出了这样的选择。懵懂地相信总有一天她会实现自己的需求，这使她对时间的流逝视而不见，也让她不再主动选择做哪些活动用来掌控自己的时间。

而我认为，"财务自由，提早退休"践行者们犯的错误与之完全相反。我们常常感到对时间的控制感超过了应有的控制感。我们喜欢说"时间就是金钱，金钱就是时间"。虽然这种观点让我们感觉良好，但我们的行为证实了我们的观点完全是胡说八道。我们还能如何诠释为了实现财务自由进行的疯狂冲刺？我们也许可以买到我们的自由，但我们不能让时钟的指针倒转。那么，我们能做些什么来对抗不可避免的时间流逝呢？在我看来，我们应对时间流逝的方法，只剩下前面提到的两种可能的选择：要么我们可以随着时间的流逝更好地控制我们选择参与的活动，要么我们可以尝试改变我们对时间流逝的看法。接下来让我们来探讨这两种选择。

生活黑客：有效时间边界

有一种观点认为，每工作一个小时就会失去一个小时，好像时间以某种方式放错了地方！然而，事实并非如此。无论你选择工作还是娱乐，时间都会过去。睡一个小时，时间就消失了。用牙线清洁牙齿一个小时，时间也消失了。在坎昆的海滩上坐一个小时，你懂的。

归根结底，我们不能交易小时或分钟，我们只是在经历它们。如第2章所述，金钱是一个中介。我选择当医生来积累这个中介，以便付款给打扫我家或修理我车的人。虽然我可以少工作，花一些时间回家自己做这些任务，但我更喜欢提供诊疗服务。在这种情况下，我宁愿花费（交换）时间用来当医生。

毫无疑问，洛雷塔利用她的时间完成了重要的事情。她给母亲的安慰和照顾是无价的。但洛雷塔也用不符合自己需求和愿望的活动填满了十年的时间。我们之前问过，如果她知道自己会死，她是否会做出同样的决定，但我认为这个问题过于简单化了。就算洛雷塔比她的母亲活得更久，难道她真的应该花十年时间把自己的需求和愿望放在次要位置吗？

她能更有效地管理自己的时间吗？

说到投资，我们这些个人理财极客 [1] 喜欢谈论有效边界。有效边界是**现代投资组合理论**的一部分，描述了以最小风险提供最大回报的资产配置。这个概念作用很大，可以判断在规定的风险水平下获得的最大回报。我们可以使用相同的概念来评估我们的时间，但更确切的是在讨论成本，而不是风险。但在讨论成本时，我不是指时间成本，时间不能买卖。我讨论的是我们在此期间选择从事的活动的成本（包括金钱储备和情感储备）。

> **现代投资组合理论**，也称"均值方差分析"，是用于资产组合的数学框架，以便在给定的风险水平下最大化预期回报。

我们的宏伟目标是感知时间的富足：去感知我们有比我们实际需要的更多的时间。虽然我们都觉得这听起来很棒，但许多人在日常生活中却感知不到。我相信我们可以选择过一种感知时间富足的生活。我们可以在日常生活中创造空间来放慢脚步，享受当下的紧迫感，并沉浸在当下。这一切都始于拥有正确的计划，然后采取行动。

这里有一些行动可以帮助我们感知时间的富足。当你阅读以下小建议时，请仔细想想洛雷塔会做出怎样不同的选择。

---

[1] 极客，又译为技客、奇客，是英文单词 geek 的音译兼意译。这个词在"美国俚语"中意指智力超群、善于钻研但不爱社交的学者或知识分子，含有贬义。本书这个词仍保留拥有超群的智力和努力的本意，用于形容对计算机和网络技术有狂热兴趣并投入大量时间钻研的人，可理解为"发烧友"或"怪杰"。——译者注

早起

> 早睡早起，使人健康、富有、明智。——本杰明·富兰克林
> 早晨的嘴里含着金子。——本杰明·富兰克林
> 早起的鸟儿有虫吃。——谚语

在一个充斥着稀缺的世界里，我们如何感受到富足？对我来说，我的生物钟使我感知富足。我每天早上4点45分起床，雷打不动。无论多么困难，我就是不能再躺在床上了。

虽然这种早起对某些人来说可能过于严格，但它给我的一天提供了充足的动力。我起床、锻炼、阅读、处理一些工作。到了早上7点，我觉得我完成的比大多数人一整天完成的还要多。而此时距离我晚上睡觉至少还有15个小时。

通常，我首先处理最困难的任务。因为这个时候我不仅精力充沛，而且也没有其他醒来的人分散我的注意力。社交媒体上没有发生任何事情，我没有收到任何紧急电话或短信。而比较容易的任务可以留到后面，留到一天结束前我变得疲惫时。即使是我们中最厉害的人也会在太阳落山时变得有点昏昏沉沉。

优化

时间富足也需要有做减法的特质。我们不仅要集中精力于对我们有价值的事情，还必须摆脱那些消耗时间（即浪费时

间）的活动，我们可以将其用于更愉快或更有用的事业。在任何一天，都有 100 万浪费时间的人试图吸走我们的能量。

多年来，我找到了几种方法来解决这些问题：我取消了工作场所所有无用的会议（当我有权力这样做时），我试图减少和取消不必要的电子邮件，我经常要求同事在打电话之前先给我发短信。

换句话说，我已经尽可能地优化。在过去的十年里，我一直在慢慢地优化我的环境。我只是不想在没必要的事情上浪费时间和精力。任何花费数小时清空电子邮件收件箱的人都知道，他们永远无法收回时间。我的解决方案是消除需求。

工作爆发

工作爆发是通过间歇性爆发的强大专注力来完成困难任务的过程。这种做法将工作限制在精力充沛的短时间内。我通常会全神贯注地工作 1 个小时，然后间歇休息至少 1 个小时，用于挑战性较小的任务。这不仅可以提高注意力和生产力，而且还会在两者之间创造很长的停机时间。工作爆发将集中生产的时间与探索负担较小的活动的更广泛时间相结合。爆发在非传统时间进行效果最好，也就是没有人在身边打扰你时。我喜欢在清晨爆发，有些人则喜欢在深夜爆发。关键是要创造一个受保护的时间和空间，并且不会让你分心。

对那些拥有自己独立业务和创意的人来说，这是一个特别好的方法。如果你可以控制何时执行工作，则工作爆发比较适合你。

外包

用来创造富足时间的最强大的生活技巧是学习适当地将工作外包。我和我的妻子一直在使用这种技巧。例如，即使我们的孩子们已经一个 14 岁，另一个 17 岁了，但我们仍然每周雇 3 天保姆。孩子们不再需要她了，但我们需要。我们需要她洗碗、买菜、叠衣服，我们需要她跑无数的差事，并在东西出故障时确保她能在家等着维修工。继续雇她需要一些钱，但你能把钱花在哪些更好的方面？还有什么比时间更宝贵吗？

至少就我而言，我宁愿花更多的时间在我喜欢的事情上，靠它工作（和赚钱），让我有额外的钱支付给别人来做我讨厌的家务琐事。我没有获得或失去时间，但我以同等的成本用我选择的任务填满了它。我正在创建一个更有效的时间边界。

我常常在想，洛雷塔能否在她的生活中创造同样的空间。她母亲的经济状况足够良好，足以支付额外的护理服务，要是她愿意花这笔钱就好了。

通过这些技巧，我们可以创造一种时间富足的感觉。通过早起、优化、工作爆发和外包，我们的日程安排才能保持灵活，可以工作、从事副业、独自享受或与家人共度时光。

虽然我们无法阻止岁月的流逝，但我们可以尽最大努力掌控我们每天的度过方式。每天中有很多小时，每小时有很多分钟，还有很多很多秒。

至于那些我们不得不做的任务，它们所花的时间呢？它们总是遵循帕金森定律。

帕金森定律

正如英国海军历史学家西里尔·帕金森（Cyril Parkinson）所指出的那样，我们经常允许我们害怕的活动扩大并占用不必要的时间。虽然常识告诉我们，我们应该尽快完成这些任务，然后继续前进，忙于其他事情，但我们实际的行为方式恰恰相反。正如**帕金森定律**所表达的那样，"一个人执行一项任务的时间是完成它所需的时间"，有几个有趣的结论值得注意。

- 为了填补可用的时间，工作变得复杂。
- 如果你等到最后一分钟，只需一分钟即可完成。
- 工作收缩以适应我们给它分配的时间。
- 数据扩展以填充可用的存储空间。

> **帕金森定律**，是指一个人执行一项任务的时间是完成它所需的时间。

虽然这个定律有点儿违反直觉，但我认为这进一步证明了你不能将时间商品化。帕金森定律指出了这样一个事实，即活动会膨胀和收缩，但可用的时间是恒定的。

这不正是发生在洛雷塔身上的事情吗?

我们可以进行一些日常生活的改变,以利用人性的这种弱点。最直接的方法是安排比我们认为执行给定任务所需的更少的时间,或者不设置时间。我们可以使用工作爆发来执行短时间的高能量协同活动,并留足够的空间休息和停机。

还有一个方法是明确定义"完成"是什么样子的。如果我们设置特定的标准来明确任务的结束,我们更有可能知道何时退出。关键是要知道什么时候该停下来,并意识到完美主义可能是"已经足够好"的敌人。

也有些人认为,如果他们把大项目分解成更小的、"一口大小"的碎片,且明确清晰可识别的目标,他们就不太可能成为帕金森定律的牺牲品。设置目标边界以确保工作范围保持在预设的准则范围内。

最后,我最不喜欢的方法是,为提前完成任务设置激励或奖励。在我看来,这种策略已经失宠了,因为正如我们之前所讨论的,它依赖于外部奖励而不是内部动机。

无论你是否选择使用这些建议中的任何一个,它们都有助于确保活动不会不必要地扩展,划定严格的时间界限。毕竟,你可能熟悉**帕累托法则**的陷阱。

帕累托法则, 认为我们 80% 的结果通常来自我们 20% 的工作。

帕累托法则

帕累托法则，俗称"二八法则"，常见于商业和经济学领域。维尔弗雷多·帕累托（Vilfredo Pareto）于 1848 年出生于意大利，是著名的哲学家和经济学家。据说有一天，他注意到花园里 20% 的豌豆苗产出了 80% 的健康豌豆荚。沿着这个想法进一步扩展，他指出，意大利 80% 的土地仅由 20% 的人拥有。因此，他的原则宣称，大多数给定结果和产出的 80% 来自 20% 的起因和投入。不只金融领域，符合这一原则的例子还有很多，例如：

- 在美国，收入排名前 20% 的人在 2000 年和 2006 年缴纳了 80%~90% 的联邦所得税。
- 世界人口中最富有的 20% 人口创造了世界收入的 82.7%。
- 在美国，调查发现 20% 的患者使用了 80% 的医疗保健资源。

虽然我们通常注意到这种现象在"自然界"发生，但人们普遍认为，同样的原则也适用于我们在日常生活中取得的成果。如果大部分好处仅来自 20% 的工作，我们也许能够利用这种情况，以更少的努力维持高产出。

而且，更重要的是，通常 80% 就足够了，特别是如果你相信完美和好这两个概念是对立冲突的。如果我们能用更少的努力创造出足够好的产品，我们就可以转向其他活动来度过我们宝贵的时间。关键是要意识到哪 20% 的努力创造了最大的收益，然后坚持下去。

- 我们可以花更少的时间在工作上。
- 我们可以更有效地做家务。
- 我们可以用更少的努力创造几乎相同的价值。
- 我们可以生活在一个时间富足而不是时间紧张的世界里。

时间感知

改变你对时间的感知有点棘手，你的选择可能部分取决于你认同三兄弟中的哪一个。选择大哥之路前期吃重的好处之一是，这种方法利用了你在生命中不同时期对时间的不同看法。当你年轻的时候，你会觉得整个人生都在前方。时间是无限的，你的晚年时光还在遥远的未来。在这世上还有很多时间去工作，有很多时间去赚钱。那为什么不努力工作呢？为什么不在工作中磨炼呢？多年以后，这个介于你和直接取得金钱的中间交易渠道，即工作将给你带来金钱上的增长和复利。金钱是潜在的能量，所有带有交易性质的工作时间都储存在金钱之中。随着年龄的增长，你会经历一种我喜欢称之为"时间感知套利"的东西。

随着年龄的增长，你对时间的感知与年轻时大不相同。时间从你身边飞逝，一转头就看不见了。从某种意义上说，这段时间比你年轻的时候（感觉无穷无尽）更宝贵、更有价值。如果你选择前期吃重，你的中介（金钱）储蓄现在可以用来让你只从事喜欢的活动。你有足够的势能来负担余生的需求。

时间感知套利创造了一种富足感。当我努力工作时，我可能永远无法回到莱拉的童年时光。但是，现在财务自由了，我花在她身上的时间比以往任何时候都多。

二哥和三弟通过不同的视角看世界。他们反对这种浪费时间的想法。当然，虽然我们知道这是一个错误的概念，但他们认为每一个宝贵的时刻都应该最大化。因此，无论是在职业生涯的开始还是结束时，在不太理想的工作条件下度过时间都是令他们厌恶的。

总之，既然你不能将时间商品化，那就把你参与的活动商品化。大哥选择前期吃重，利用时间感知套利，感觉自己好像买到了额外的时间。然而，二哥和三弟会做完全相反的事情。他们会在当下找到热爱的工作或事业，这样他们就觉得自己没有浪费任何时间。

这一切都与感知有关。

时间很充裕

如今，许多人认为时间是稀缺的，考虑到我们与一个世纪前相比所享受的技术进步，这一想法是令人震惊的。因为从家庭管道和电力，到洗衣机和烘干机，我们已经比前几代人少了很多的体力劳动，从而也少了很多没必要花费的时间。

美国疾病控制中心在 2019 年进行的一项研究分析了美国人使用时间的数据，结果显示，美国人平均每天有 5 个小时的空闲时间。[①] 5 个小时！图 7-1 中按人群和活动细分了数据。

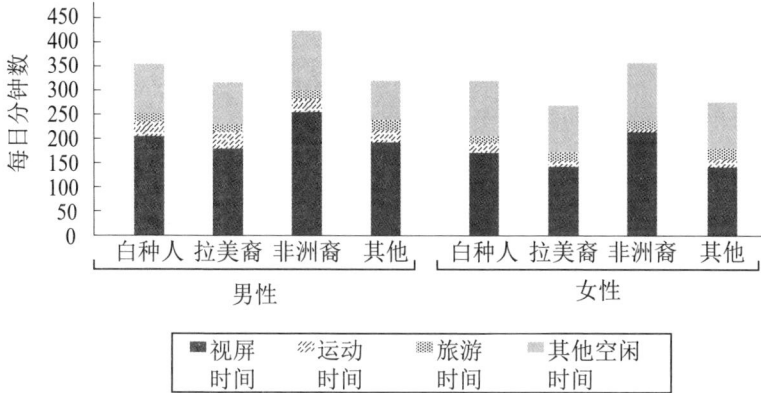

图 7-1 空闲时间及活动

这些数据还消除了这样一种观点，即那些收入水平较低，因此可能停留在马斯洛金字塔的基本需求水平上的人空闲时间较少（见图 7-2）。

然而，2015 年的一项盖洛普世界民意调查发现，当被问及空闲时间时，48% 的美国人表示他们没有足够的时间做他们想

① R. Sturm and D. A. Cohen, "Free Time and Physical Activity among Americans 15 Years or Older: Cross-Sectional Analysis of the American Time Use Survey," *Preventing Chronic Disease 16* (2019): 190017, doi: 10.5888/pcd16.190017.

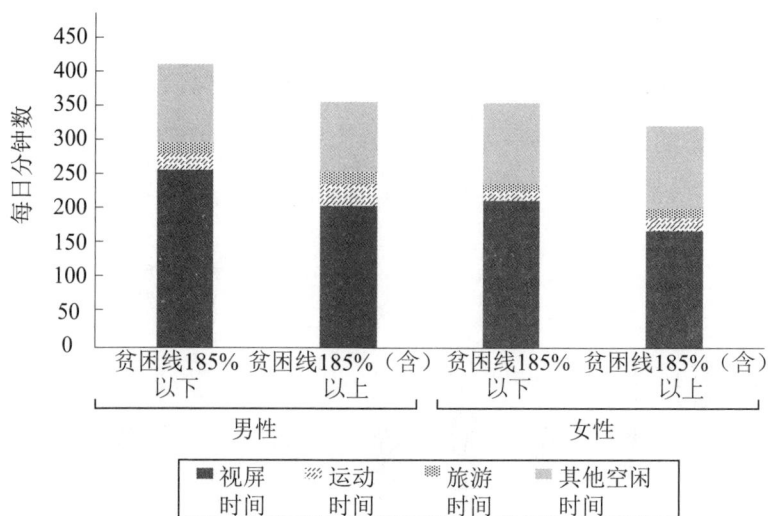

图 7-2　空闲时间及活动（按收入划分）

做的事情。[1] 我们的感知和现实似乎不太匹配。从这些数据中可以得出的明确结论是，我们必须改变我们对时间的感知方式。

与其说是一种商品，不如说我们必须看到时间的本质：一个可供我们填满活动的空间。空间是不可移动和不可改变的，我们完全无法控制它的数量。然而，如何活动完全取决于我们。我们选择完成这些活动的多少，在很大程度上取决于我们的心态和我们讨论过的策略，即使用帕累托法则和帕金森定律提高生产力的策略。

---

[1] Frank Newport, "Americas' Perceived Time Crunch No Worse than in Past," Gallup, December 31, 2015, https://news.gallup.com/poll/187982/americans-perceived-time-crunch-no-worse-past.aspx.

时间压力

有一个关于花费太多精力担心时间的警示故事。正如本章提到的研究表明，我们的感知并不总是与现实相符。当我们讨论生活黑客，并利用我们大脑的弱点来体验时间富足时，这可能是积极的。不幸的是，我一生中的大部分时间都在遭受时间稀缺和时间压力的双重痛苦。我处理时间的个人经历一直是我最大的心理健康问题之一。

尽管这些年来我一直试图改变，但我通常处于时间压力之下，即使没有什么缘由。我会注意房间里的每一个时钟，经常抬头看它们。我花了半辈子的时间匆匆忙忙地完成活动，以确保我在正确的时间、正确的地点参加下一次活动。虽然从表面上看，这是一种很好的品质，但它给我、我的家人和我的同事带来了不必要的压力。

为什么我不能放慢速度？

这是我经常问自己的一个问题。而这种倾向，至少在一定程度上，可以解释为这种心态带来的巨大副作用。我是一个效率超高的人，我对时间的意识和管理紧凑时间表的能力在我的整个职业生涯中绝对是有益的。这些特质有助于工作爆发，并允许我同时管理多个独立的任务。

我倾向于提前参加会议和任务，而且通常在规定的时间之前完成，这让我有时可以在一天内完成大多数人工作量的两倍。我发现 24 小时内有很多额外的时间。你如何使用这些时间可能是提高工作效率和浪费时间之间的区别。

然而，问题是这些好处是否抵得过上述副作用。我没有感到富足，而是执着于稀缺。这会导致更大的压力和焦虑。效率有其优点，但每天都匆匆忙忙的确不好。我每天都早起，还会晚上跑步。听起来很有趣吗？有些时候很有趣，而有些时候却非常累人。

这样很烦人。不仅对我，而且对那些每天必须与我打交道的可怜人。当其他人想要社交和放松时，我就像一只"劲量兔子"（Energizer Bunny）。我从不放慢脚步。

而且，最糟糕的是，我听到："爸爸，请你不要再催促我了，好吗？"

我多希望这不是我孩子的日常抱怨，但我的时间压力确实会渗透到家庭生活中。我可以看到我妻子脸上的表情，当我准备关门时，她甚至还没有穿好外套。我的这个小缺点往往不仅仅是一个缺点，它会影响我与我所爱的人的关系。尽管我试图放慢脚步，但我发现，相比之下，过于充满冲劲的工作和生活就像一只庞大恐怖的狮子折磨着我，而我对此予以回击的意图就像一只小猫咪罢了。

我的故事是提醒我们所有人，改变我们的时间感知可以产生积极和消极的影响。随着我放慢工作速度，远离竞争激烈的工作场所，我不得不学习"浪费"时间的艺术。这种学习包括放弃对活动的控制，在开展家庭活动时，让其他人，比如我的妻子和孩子发号施令。此外，我还使用冥想、运动和古典音乐来帮助我学习如何更加专注于当下。

我不再执着于快速地把一个又一个的任务完成，现在，我为过程而活。

关于时间的思考

我从临终患者身上学到的两个教训很简单。首先，时间不等人；其次，偶尔我们要做的只是放慢脚步。原因现在应该很直观，即时间不是一种商品，尽管我们有时会选择将其视为一种商品，因为我们试图让时间与金钱互换。我们谈论储蓄和花费时间。有些人甚至宣称两者概念等同，一个就是另一个，即时间就是金钱。

然而，现实要发人深省得多。我们所感知的时间富足或稀缺实际上是我们在活动之间切换的能力。虽然我们不能将时间商品化，但我们可以通过选择对我们最有意义的活动来做计划，并为它们分配足够的时间。在许多方面，这类似于我们故意预留资源或金钱，而不是粗心大意地浪费它们。

我们可以使用某些技巧来控制时间感知，例如前期吃重、早起、优化、工作爆发和外包。我们可以理解帕金森定律和帕累托法则的作用，并在处理手头的任务时变得更有效率，这样我们就可以为其他活动腾出空间，我们可能会发现这些活动的时间利用更令人愉快或更有价值。如果我们不小心，我们也可能矫枉过正，导致人为地制造一种时间稀缺和压力的感觉。

选择权在你！

练习 7：感知你的时间

1. 在下周的日程安排中选择 2~3 天，每天腾出 1 小时。在此期间，找一个安静、舒适的地方，确保关闭所有电子设备，让身体得到充分休息，没有饥饿感，然后集中你的注意力。

2. 将手表或手机定时器设置为 1 分钟。闭上眼睛，耐心等待，直到时间结束。现在再次将计时器设置为 1 分钟，但这次在地板上让自己做平板支撑，并尽力保持该姿势到 1 分钟。哪 1 分钟感觉更长？

3. 想象一下，你刚中了彩票，一次性收到了 86 400 美元。你有一天的时间，必须花掉每一分钱。你会买什么？你不会买什么？一天结束时你会剩下钱吗？你会因为你有这么多钱而轻率地花吗？

4. 现在，要意识到一天有 86 400 秒。这些信息是否会改变你对上述练习的看法？

5. 取一张纸，一分为二。在左侧，列出你昨天做的 10 件事。在右侧，写下你想到的前 5 件对你非常重要的事情。现在比较这两侧有多少重叠？如果重叠很少，为什么？这只是不寻常的一天吗？它代表了大多数日子吗？

6. 花 30 分钟写下你当前的职位描述。尽可能详细，只要你觉得需要，唯一的规则是书写范围不能超过一个页面。完成后，对亲密的朋友、配偶或同事（你熟悉其工作的人）做同样的事情。这一次，将书写时间限制在 5 分钟以内。

7. 比较两种描述。第一种描述比第二种更好吗? 好 5 倍吗? 你的时间分配是如何改变你完成任务所花费的时间的? 额外的时间是否产生了更好的描述质量?

8. 这些练习旨在丰富你对时间的感知，并帮助你了解如何填补每分钟。在下一章中，我们将讨论如何使用这种资源来进行好的或坏的（非货币）投资。

第 8 章
临终关怀医生的投资建议

尽管人类在投资方面经常做得很糟糕,但我们在投资自己方面更加失败。当我回顾我的患者在最后的日子里与我分享的内容时,它在很大程度上可以总结为这个结论:我们需要更好地分配宝贵的资源以获得最大的回报。

我在这里谈论的是比金钱更重要的东西。我正在讨论我们的注意力和目的,即我们选择用什么来占据我们的思想和心灵。在布罗妮·韦尔的经典著作《临终五大遗憾》中,她分享了她在临终护理期间最常听到的遗憾,我发现这与我接触的临终患者传授的经验是一致的。[①]

在本章中,我将从临终遗憾转向我的患者最引以为豪的或最悲伤的投资。我还将概述投资和投机在定义上的区别,我将强调我们应该始终不假思索并慷慨投资的关键领域,例如教育、家庭

[①] Bronnie Ware, *The Top Five Regrets of the Dying: A Life Transformed by the Dearly Departing* (Carlsbad, CA: Hay House, 2012).

和身心健康。

保罗的故事

如果猫有九条命，保罗肯定至少有两条命。其中一条是他人生的前 30 年。孤独而内省的他挣扎于一个秘密，这个秘密对他这个保守的天主教教徒来说太沉重了。所以他封闭了自己的感情，也封闭了自己的性取向。

他的第二次生命始于他 31 岁生日，当时他向父母坦白了自己的内心。随之而来的是激烈的争吵，这完全出乎保罗的意料。他离开了童年的家，搬离了田园诗般的芝加哥郊区，再也没有回去。

十年后，我站在他的床边，我的身体挡住了从他房间东面窗户照射进来的光线。我坐立不安，问我能做些什么。这是我在临终安养院当志愿者的第一天，我以前从来没有照顾过艾滋病患者。他的伴侣缓缓点了点头。他们想见牧师。

作为一个临终患者，保罗拥有一切：一个关心他、爱他的伴侣，一群定期来看望他的朋友，以及自身善良大方的行为举止。保罗很少抱怨身体上的疼痛。然而，他无法克服内心的不安，这种不安从他脆弱的手掌中夺走了他想要在平静中离开人世的梦想。

十月的一天，阳光明媚，接到牧师的电话后，他的家人从郊区赶到市医院。当他们进入他的房间时，他已经昏迷不醒。

牧师要求他们手牵着手祈祷。那里站着保罗的亲人：他的父亲握着保罗伴侣的手，保罗的母亲和妹妹站在他的朋友中间。保罗的眼睛短暂地睁开，然后他咽下了最后一口气。当他向上看时，他的唇角上扬，形成一丝淡淡的微笑。他现在可以离开这个世界了。

改变是为了生者，而不是临终患者

任何人都可以改变，永远不会太晚。我在临终安养院工作的几年里，看到过许多最后一刻的和解，就与保罗和他的家人之间的和解一样。"机械降神"或巨大的情节转折，这不仅仅是一个过度使用的故事情节，它还发生在现实生活中。然而，依靠这种滑稽动作与其说是真正的解决方案，不如说是计划不周的表现。

> **机械降神，**是指一种情节手段，通过一个意想不到且不太可能发生的事情，突然解决了故事中看似无法解决的问题。

如果保罗与他的家人早些和好，他们不是更快乐、更健康吗？他们能在一起度过多少时间？保罗的故事既有美好，也有悲剧。

我们需要学习如何改变现在，在为时已晚之前，在我们临终之前。临终患者的遗憾很少集中在金钱和事业上，但我们不能忽视它们的助推作用。这是财务自由之路必须消除的一个障碍。但就像扁平化马斯洛金字塔一样，我们必须学会如何攀登，而且不是逐步攀登，而是同时攀登。在我们处于保罗的处境之前，我们必须在增加我们的财富和自我实现两个方面同时努力。

在表 8-1 中，我重新列出了布罗妮·韦尔的临终五大遗憾，我们在第 3 章中讨论了这些遗憾。从事多年的临终关怀工作后，我认为这些与其说是遗憾，不如说是更偏向于投资方面。我的患者最引以为豪的投资是什么，他们为哪些投资感到懊悔？我们这些年轻又健康的人如何从这些知识中学习？

表 8-1　临终五大遗憾

1. 我希望过忠于自己内心的生活，而不是活在别人的期望里
2. 我希望花更少的时间在工作上面
3. 我希望勇敢地表达自己的情感
4. 我希望多和朋友保持联系
5. 我希望自己活得更快乐

和解的力量

临终患者常常希望他们在和解的能力方面投入更多。随着一个患者即将走向死亡，我被倾诉了几十次。保罗和他家人的故事只是一个例子。人类互相伤害的种子存在于我们的基因中。唯一比我们施加痛苦的能力更有力量的是我们爱和宽恕的能力。这种美好与人类生命本身一样古老。临终患者低声说出他们的智慧，他们努力修复破裂的关系和受伤的感情。他们敦促我们在生命即将结束之前很久就"投资"于修补围栏。

和解不仅关乎伤害我们的人，也关乎我们一直误解的人。我们可能不是故意与曾经对我们很重要的人失去联系，无论是以前的爱人、朋友还是家人。我们不是渴望一种了结，而是渴望一个新的开始。

为什么要等到你临终前才试图修复已经脱节和破碎的关系？为什么不现在迈出艰难的一步，在你还拥有时间和健康的时候就着手修复呢？你能想象，与生活中的这些重要人物重新建立联系并还有数年时间探索这段关系会有多美妙吗？有数年时间去原谅和被原谅有多美妙吗？还有几十年重新开始有多美妙吗？

这真是太美妙了。

失败的勇气

失败，或者更准确地说，不够失败，是临终患者的主要遗憾。我很少看到一个人在临终前抱怨他们尽力了，但没有成功。我们接受在做出实实在在的努力后的偶然失败。失败是我们生活中非常普遍的一部分：作为父母，作为员工，甚至作为人类，我们都会有失败。

埃内斯托在临终前生动地回忆了经过多年训练后攀登珠穆朗

玛峰的记忆。他记得风吹在脸上，还有冰凉的空气。然而，他并没有浪费太多时间去思考，一场意外的暴风雪早早结束了他的冒险。他没有接近山顶，这是一个多年来他都耿耿于怀的事实。他感到平静，知道自己已经尽力了。

我们需要有勇气大胆地投资失败，不要恐惧或悔恨。在做我们内心真正渴望的事情时，我们必须克服懒惰的惯性。与你真正的目标、身份和社会联系和谐相处并不容易。每个转弯处总是有路障。

埃内斯托从未达到他的最终目标。

这种对失败的恐惧往往会让我们止步不前，或者更糟糕的是，促使我们把今天能做的事情推迟到明天。随着明天的过去，我们能鼓起勇气的可能性越来越小。

与临终患者接触一会儿，你就会意识到明天的事谁都无法保证。我有多少次听到同样充满遗憾的哀叹？

- 我希望我有勇气去做……
- 我希望我有决心去说……
- 如果我有足够的勇气尝试……就好了。

没有人能告诉你如何完成这些陈述。但我知道，在我们以几天或几个月为单位衡量我们在世界上的时间之前，现在就开始问这些问题是值得的。你永远不会后悔勇敢尝试后依然欠缺的部分，只会后悔那些你从未为之奋斗的欠缺之处。

这并不是说所有未完成的计划都是糟糕的、令人遗憾的。那些保持好奇、不断探索、积极生活的人可能会带着完整的遗愿清单呼吸完最后一口气。即使在最后的日子里，他们仍然可以参与攀登。

我写这本书就是向失败的勇气致敬。多年来，我几乎想尽了所有借口不开始：如果我不成功怎么办？如果我栽跟头了怎么办？如果没有人阅读怎么办？但我做临终关怀工作的这段经历迫使我问自己一个更重要的问题：如果我在尝试之前就死了怎么办？

正如西奥多·罗斯福（Theodore Roosevelt）在他 1910 年著名的演讲中所指出的那样，做"舞台上的人"或"行动者"比做一旁的批评家更好。[①]

人类已经成为专业的自我批评者，我们为这种专业付出了高昂的代价。

活在当下

生活过得很快，令人悲伤却是事实。日子看似漫长，而岁月却短暂。我们花了很多时间关注自己的长期目标。延迟满足可以建立一个强大而稳定的未来。然而，过于以目标为中心可能无法

---

① Theodore Roosevelt, *The Man in the Arena: The Selected Writings of Theodore Roosevelt; A Reader,* ed. Brian M. Thomsen (New York: Forge, 2003).

学会享受当下。

我们先要全神贯注地在这个世界上活着。我们允许自己的思想不断转移，思考摆在我们面前的下一个目标、成就或任务。不幸且出乎意料的是，我们没有投资于当下的紧迫感或喜悦感。

有多少星期天的晚上被周一早上工作的设想毁了？当你想到马上要回到工作中的麻烦时，有多少假期在你脑海中过早结束，即使你还有几天的时间？

临终患者很少细细回味周一早上或度假回家的飞机旅行。他们珍惜与家人和朋友之间的时刻，当他们站在热带海滩上时，感受袭来空气的凉爽和炽热阳光的温暖。

我们被自己的思想和谋划所禁锢，忘记了如何享受体验。我们已经忘记了如何活在当下，但解决方案简单而有效。像埃内斯托一样，我们必须学会陶醉于攀登，并放弃将目的地作为我们的最终目标。虽然并未成功登顶珠穆朗玛峰，但埃内斯托在迈出每一步时都认识到了每一步的美丽。只有他和山，冰凉清新的空气，以及他迈向未知时小腿肌肉的感觉。

追逐"假神"

临终患者常常为人类对投资和追逐"假神"的嗜好感到悲伤。我在这里不是在谈论宗教。与那些濒临死亡的人接触，让我思考了很多我们该选择神化谁或神化什么，该崇拜什么或崇拜谁的问题。在生命的尽头，围绕着我们自认为重要，但最终意识到并非如此的那些生活的遗憾，就是"假神"。

在所有这些假神中，金钱和事业位居榜首。我从来没有，一次也没有，听到任何临终者说他们希望在工作上更加努力，或者在临终前积累更多的财富。我从来没有听到过有人想在办公室度过更多的工作日晚上和周末。事实上，情况恰恰相反。我经常听到人们抱怨他们不应该这么努力。他们后悔没有花更多的时间与家人在一起，享受经历，或者享受当下的生活。

物质主义是另一个假神。无论我们积累多少物质财富，在我们身患绝症时这些身外之物给不了什么安慰。你的东西不会爱你。当我看到患者通过物质财富获得幸福时，这往往更像是一个情感价值观的问题。我们执着于那些让我们想起我们所爱的人或那些让我们觉得有意义、有成就感的东西。

考虑一下第 1 章中的族长老康纳与第 2 章中的女诗人安妮之间的区别。康纳拥有惊人的财富，而在无菌病房里死去时却感到非常孤独。与此相反，安妮在睡梦中安静离世，周围环绕着她的稿件、书籍和诗歌。

你更喜欢哪个？

权力是我们在身体健康时倾向于投资的另一个假神，当死亡即将来临时，它会迅速消失。这让我们非常震惊地意识到，无论我们拥有多么重要的地位，无论我们持有多少头衔，等我们死了，世界依旧正常运转。

现在花点时间思考一下自己的渺小。你觉得它令人沮丧还是令人解脱？你的回答将帮助你理解权力在自我价值感中的作用。

最后，我们必须停止投资于极具破坏性的完美假神。前文提到，完美主义是好的敌人。它也可能是理智的敌人。我们花了无数个小时甚至数年时间，对我们生活中实际上比平均水平更好的方面不满意，包括我们的职业、我们的外表，甚至是我们的智力。

我并不是说自我完善是一件坏事。然而，追求完美以改善我们的生活，其改善程度是有限的。当太追求完美时，为了微不足道的收益提升自己最后几个百分点，我们会制造大量的精神痛苦和精神匮乏。我们渴望完美，以证明我们持之以恒或全力以赴。

危险在于，我们的关注点越来越狭隘，我们忽视了所爱的人，忽视了其他重要的人生目标。

完美并不值得。

顺便说一下，追求完美并不是投机。

投资与投机的区别

无论是刚面对社会的年轻人，还是身患绝症的老人，了解投资和投机之间的区别最终都会对人生各个阶段的幸福感产生深远的影响。在现实世界中，高收入者和新手都误解了这两个原则。

虽然几乎任何企业（经济或其他）都有投机的空间，但投资应该是我们大部分资源储存并可以增长的地方。那么，有哪些决定性特征可以判断投资和投机之间的区别呢？

时间与运气

投资随着时间的推移而增长。任何投资，如基金、股票、债券、业务、技能、兴趣或人际关系，都具有可衡量的价值。并且，该价值预计将在几年内增加，超过之前的价值额度。价值可以有多种形式，从股息支付到收获一项新技能。通常涉及努力，如建立业务。但也可能不需要努力，就像持有共同基金一样。无论哪种方式，时间的流逝和复利都承担了大部分（如果不是全部）繁重的工作。

投机主要依靠运气。时间可能是有益的，也可能是无益的。运气可能有多种形式。你可以以低于市场的价格购买资产并立即出售以获取收益。在另一种情况下，你可以以市场价格购买资产，但随后巧妙地以高价出售。最后，在获得了产品、学习了技能或建立了人际关系后，市场可能会发生变化，使这些资产更有价值。

投机者天生就是冒险者。

风险管理者与冒险者

投资者是风险管理者。他们通过对冲赌注来降低风险。他们不愿意付出金钱、时间或精力，除非他们确信他们的付出能换来一个成功的结果。他们投资于股票、业务、技能和人际关系。他们进行尽职调查，并仔细观察形势和投资风向，确保自己的努力是正确的，且不会白费。

与之相对，投机者是冒险者。他们根据直觉、热点提示或自己操纵局势的能力做出决定。

这样的例子比比皆是。

将资金投入标准普尔 500 指数基金（持有 500 家美国大公司股票的基金）是一种投资。根据美国经济的韧性、历史表现以及指数的可调整性，该值可能会在很长一段时间内成倍增加。

听从你姐夫的建议，购买一家没有盈利历史的初创公司的股票是投机（而且风险很大），特别是如果你对这个行业一无所知，公司还无法证明自己，也没有书面的商业计划。

花时间和精力去了解你配偶最好的朋友是一种投资。从长远来看，这些好处可能会产生复利，你能与你的配偶建立更深层次的联系。

但花时间和精力去结识你配偶在工作中的熟人，而你们每年只在配偶的公司的圣诞派对上见一次，这是投机。这种关系最终也许会得到回报，但实现的可能性不大。

值得注意的是，即使是投机性企业有时也能产生巨额利润。但它们往往什么都不生产。区别在于运气。

你与这些例子中哪一个更相关？你就知道你是冒险者还是风险管理者了。

有效与无效

在大多数情况下，投资者很少试图利用无效市场。投资者为他们认为会增长的资产支付公允价值，然后他们让时间为他们工作。

> **有效市场假说**，认为资产价格反映了所有可用的信息。

一个完美的例子是投资于职业。你可能会参加一门能提供长期工作的课程，例如计算机编程。这些工作在未来可能很有前景，但你把所有的鸡蛋都放在一个篮子里，全部投资于最新、最热门的编码语言中是不明智的，因为它可能会在短期内消亡或被取代。

投机者喜欢无效市场。他们想低买高卖，或者高买高卖。他们想参与最新的股市热潮。一项资产或技能的内在价值或其增长预期，远不如其使用价值与价格、供与需不匹配的增长速度那么重要。

总之，投资者是风险管理者，他们利用他们的知识、风险规避策略和时间，从有效市场中获利。投机者是冒险者，他们祈祷市场效率低下，并希望运气会如愿以偿。

这在我们的生活中是如何体现出来的？我们如何利用我们对投资和投机的了解来帮助我们今天做得更好？我们应该投资什么？以下是我作为临终关怀医生获得的经验。

临终关怀医生的投资建议

我曾经有一个患者在殡仪馆工作。我们进行了许多哲学层面的对话，没过多久我就意识到，从事这样一个独特行业的人确实获得了深刻的见解。正如我经常喜欢说的那样，当殡仪馆工作人员说话时，你应该用心倾听。虽然我们这些把死亡和临终作为工作内容的人似乎不太可能成为投资顾问，但由于这位患者和我都花了大量时间接触死亡，我们对真正值得投资的东西有了独特的见解。你们可以从我处理死亡和临终的工作中获得哪些好的投资技巧？信不信由你，你很快就会得到一些。这些技巧不是通过陪伴富人度过这段艰难的旅程而学到的，尽管富人有很多东西可以教授。这些技巧不是从那些毫不掩饰成功秘诀的人的个人账簿中抽走的，这些技巧简单、直接，是从那些不愿踏上旅程，同样走在这条孤独小径的人身上获取的。

信不信由你，我学到的大部分投资知识都与金钱无关。

投资自己

投资自己有多种形式，其中最主要的是自我宽恕。悔恨在形形色色的人中都很常见，无论是活着的还是濒临死亡的，它的影响可以是毁灭性的。具体情况可能有所不同：采取或未采取的行动，挽救或破坏的关系，买卖的物品。人类责备自己的能力是无限的。我们花了很多时间对我们希望做得更好的事情感到难过。

虽然自责的目的是反省和改善未来的结果，但它往往会留下一条通往毁灭的道路。核心似乎是改变我们可以改变的东西，并原谅自己。

失去工作是杰拉尔德最不后悔的。在被诊断出患有肝硬化（慢性肝病）的几十年前，他离开工作后引发了一系列事件，最终染上酗酒。他的婚姻破裂了，他很快就与前妻和女儿桑迪疏远了。虽然后来戒酒和再就业都成功了，但他对身体已经造成了永久的伤害，与桑迪的关系也无法恢复。他在进行人生复盘时，很大一部分时间都花在与社会工作者一起探索他对失去女儿的感受上。不过杰拉尔德最终平静下来并原谅自己。他还意识到，如果他早点给予自己这种自我宽恕，他可能在肝脏受损之前就戒酒了。

你为什么不肯原谅自己？不原谅自己会造成什么伤害？

投资自己的另一种常见方式是放慢脚步。通常，我们有大胆的目标，并希望立即实现它们。然而，就像龟兔赛跑的故事一样，缓慢的增量改进有助于我们赢得比赛。如果我们能够每月都以1%的速度朝着一个主要目标前进，从长远来看，我们将获得惊人的年度回报。这个原则适用于一项技能、一段关系，或者我们努力追求的任何事情。我们决不能让我们的**限制性信念**阻碍我们。

> **限制性信念**，是指你对自己、对他人或对世界信以为真的想法，这种想法以某种方式限制了你。

投资自己还需要投资于经验。经验随着时间的推移而产生复利，就像我们的货币资产一样。随着我们的学习和成长，我们磨炼技能，使我们成为更好的员工和个体。问问任何一个晋升成一家公司的首席执行官的人。就像本杰明·富兰克林的复利投资一样，职场获得的成长绝不是线性的，而是呈指数级的。

当我们谈论投资自己时，如果我们不投资教育，那就太失策了。

投资教育

毫无疑问，我从昂贵的四年制大学教育中获益，但现在还有很多不同的教育形式，比如阅读、讨论、参加在线课程、参加让你的脸色发青并气哼哼地走出房间的辩论赛。这个世界充满了大大小小的老师。知识是保护幸福的应急基金，当你的资源耗尽时，知识将帮助你找到工作，为你建造庇护所或在最关键的时刻助你做出正确的决定。不要吝啬自我提升，也不要害怕为此付出代价。你花在教育上的钱将以知识和技能的形式产生复利。

即使你不想，也要接受别人的邀请，投入这项感觉陌生或不舒服的活动。

获得知识或发现新激情的唯一方法是乐于探索。你不仅会接触令人兴奋的机会，而且还会与那些邀请你的人建立更牢固的关系。要时刻准备着。

不要害怕学习新事物。我一直惊讶于普通人对学习基本金融知识的抗拒程度。大多数专家建议，每个月阅读几个小时会让你完全具有理财能力。然而，先入为主的观念——认为这个领域太难了，就吓跑了许多人。不要让它吓到你。

我看到无数患者去世时床头柜上放着一本书，也看到许多患者脑海里盘旋着未完成的争论。这并不可悲，也不是无济于事。即使是临终患者，每天早上醒来也会计划如何度过每一天。确保为获取新知识留出空间。好奇的人往往如同他们还健康的时候一样迎接死亡：快乐而充满好奇心。

投资他人

衡量一个人（富有或贫穷，快乐或悲伤）的唯一标准是这个人身边活着的人。我想不出比这更能说明成功的指标了。当我走进一个临终患者的房间时，看一看他们的周围，我立即就能知道他们是否在别人身上投资了。一些患者的身边放满了照片、信件和卡片，还有朋友围着他们。

事实上，我通常在到达病房之前就知道谁是成功的投资者。病房有人进进出出，传出的喧嚣和笑声在原本阴沉的走廊里回荡。笑容和泪水与生死悲欢交织。

如果你投资他人，复利将成倍增加，成为一生的爱与幸福。在你离开很久之后，你的音容笑貌将存在于那些被你投资的人露出的嘴角微笑中。

我花了好几年才领悟这个技巧。作为一名医生，我跌跌撞撞地在一个不适合我的群体中寻找我的同类。在我发现个人理财领域的写作和播客之后，我才与理解我的人建立了联系。

这些联系使一切变得不同，他们给了我重新定义我的身份和目标的勇气。

投资孩子

对于孩子，你不仅要投入你的钱，还要投入你的时间和爱。帮助他们建立成年和幸福的根基。用你的知识、谦卑和善良滋养他们。用你的美德以身作则，来引领他们。在你身上，他们会找到成功和自由的榜样。教他们财务知识，这样他们就可以了解金钱在实现人生目标方面能做什么和不能做什么。给他们留下一个很好的榜样，让他们了解生活的样子。

投资于你的孩子将产生一生的红利。他们将成为你依靠的肩膀和你广阔人生梦想的继承者。你在这个世界上的时间很短，但你的后代会继承你的星星之火。就像汪洋大海中的涟漪一样，你的影响将代代相传。你将活在那些追随你的人的心中。

每次同事在医院查房时不小心叫我父亲的名字，都证明了我们是如何在孩子身上留下印记的。他的遗产塑造了我的职业生涯和激情，即使在他去世几十年后也是如此。他永远被我们铭记。

我永远无法报答父母对我的奉献。而我也会把它交给我的孩子们。我将以与我父母投资于我大致相同的方式投资于他们，因此，我们的善良将代代相传。

投资身心健康

你的身心是相通的，它们构成了支撑你的框架。没有身心健康就没有财务健康。正如本书所展示的那样，管理你的资金和规划未来需要深思熟虑和一丝不苟的决策。如果你的身体不适，则无法正确执行此操作。

花时间和精力来恢复并投资于心理健康。学习通过冥想、运动和听古典音乐等活动来放慢思维和放松身心。不要害怕向家人、朋友或心理健康专家寻求帮助。心理咨询不仅常见，而且非常有效。专业人士的外部视角可以在平息那些破坏你平静和镇静的内部声音方面产生巨大作用。

身体健康也起着重要作用。它不仅可以延长寿命，在情感上的好处也是持久的。当我们采取积极的措施来照顾自己时，我们通常会在身体和情感上都变得更强大。但这并不意味着我们要成为马拉松运动员。正如我之前所说，完美主义和足够好这两个概念可能是对立的。

尝试每天至少进行30分钟的体育运动。从一些简单的事情开始，比如散步。找到一项既能满足你身体需求又不令人厌恶或烦琐的活动。因为如果你讨厌这些活动，这个习惯就不会持久。

尽管我对烟草酒精等真的不感兴趣，但我也真的知道，任何超出娱乐消遣用途的东西都会影响我们的健康，影响我们清楚地看到目标的能力。如果你想知道这是不是一个健康问题，那么它就可能是一个健康问题。这些物质给我们带来的大多数快感都是人为的和短暂的。

投资市场

如果没有基础知识，即使获得了临终关怀医生的一系列投资技巧也是不够的。毕竟，这是一本个人理财书。所以，不要忘记投资股票市场。

- 赚取的比花费的多。
- 每年尽可能多地储蓄（20%~50%）。
- 购买受众广泛的低成本共同基金。
- 先用尽退休储蓄，然后开立应税经纪账户。
- 聘请财务顾问只是为了给你提供建议，而不是为你投资。

我希望这本书能给你智慧、策略和实践指导，妥善处理金钱，这样你就可以在我讨论过的其他事情上投入更多的资金。我不想贬低了解财务基础知识的重要性，但我确实想提醒你，这些知识是必要的，但还不够。

这些是我作为临终关怀医生获得的投资提示。如你所见，只有最后一部分涉及金钱。当然，财务也是比较容易的部分。你如何投入剩下的时间和精力，可能会决定你在那些与像我这样的临终关怀医生打交道的日子里的看法。不要浪费你的生命而遗憾终身。

在为时已晚之前立即开始投资！你创造的基础越牢固，你就越能应对好意外情况。如果你还没有弄清楚，那上述内容就是投资的重点。无论我们如何保护自己，都没有办法预测未来。我们使用"黑天鹅事件"一词来形容对我们的生活和财务产生深远影响的罕见而意想不到的事件。然而，更常见的是**白天鹅事件**。这些事件通常无法确定发生的时间，但我们会经历其中的一些，而它们可能会检测我们真实的投资情况。

当我父亲去世时，我的家人发现了这一点。

> **白天鹅事件**，是指一种常见但难以确定的事件，对一个人有重大的财务影响。一些例子包括离婚、家属死亡或疾病。

对人寿保险的复杂心情

我没有自己支付大学和医学院的费用，是我母亲供我上学的。实际上，我的成年生活是从零债务开始的。与许多同学不同的是，原因不是我获得了奖学金，有导师资助，或者惊人地黑掉了系统。我甚至没有通过自身的努力（尽管毕业后我一直在工作，但也不足以偿还这些债务）。这些都没有，因为是我母亲付的钱，每一分钱都是她出的。

但这些钱不是白来的。

我父亲在我 7 岁时去世了。他患有脑动脉瘤，在医院查房时晕倒。一生的希望和梦想就此消失，留下我的母亲、我和两个兄弟在这个世上无依无靠。

我的母亲，一个会计师，拿着 20 万美元的人寿保险，在 20
世纪 80 年代初开始投资。它增长、增长、再增长，在疯狂的股
市中实现复利。

一份人寿保险单供三个孩子上大学，其中两个读研究生，一
个上医学院。最后一笔钱在 21 世纪初以 15 000 美元支票的形式
分发给我们每个人。

具有讽刺意味的是，最近当我需要更新自己的定期人寿保
险单时，我不禁想起了我的父亲。他的遗产驱使我成为一名医生，
而他的保险为我铺平了道路。

购买了自己的人寿保险几年后，我财务自由了，可以进行自
我保险。我和妻子可以随时停止工作，我们当然不再需要为我们
的生命投保。而我们的孩子需要的不比我们已经拥有的多。

因此，我怀着沉重和自嘲的心情取消了我的保单，这份保单
类似于我父亲大方地留给我们的保单，但这份保单对我已经毫无用
处了。

投资有助于为意外做好准备

我决定讲述我父亲和人寿保险的故事，是因为这可以提醒我
们一个道理：投资有助于为意外做好准备。我们不知道未来会怎
样，除了确定某一天我们会离开人世。这是一个不可改变的事
实。正如我之前所说，我们从出生的那一天起就在走向死亡，但

何时、何地、以何种方式仍然是个谜。

临终患者能传授给我们重要道理。通过他们的视角，我们能够看清真正重要的东西。他们根据自己如何投资时间、才华、人际关系、技能、爱情，是的，甚至是金钱，来判断自己的成功和遗憾。

他们只能在一定程度上预测未来。他们不知道潜伏在拐角处的是欢乐还是悲剧。他们不知道等待他们的是黑天鹅事件还是白天鹅事件。然而，要吸取的教训再清楚不过了：通过明智的投资做好准备。

我父亲有一份保险单，当他在40岁意外去世时，保险单给了赔付。感谢上帝，他和我母亲做好了最坏的打算。他们的货币投资没有足够的时间通过增长来保护我们，但他们买的保险可以。

我在46岁时取消了人寿保险单，当时我的财务投资超过了家庭的需求。如果我不幸地步了父亲的后尘，那么即使没有人寿保险，我的家人也会得到照顾。

然而，我在本章中提到的非货币类型的投资是没有保险单的。没有保护计划，没有可以挽救这一天的"机械降神"，没有轻松的按钮可以一键到位。

你的投资计划必须立即开始，因为生命的结束就在眼前。建立有意义、有目标和有联系的生活需要时间和复利。投资自己需要精力，投资教育需要努力。与你的孩子和群体建立关系将带来一种精神和身体压力。照顾好你的身心会很费力。了解个人理财和建立财务安全将消耗你可能宁愿花在其他事情上的时间。

这一切都非常非常值得。为生活做好准备，就像你为死亡做好准备一样。

明智地投资自己。

练习8：制定提升幸福感的投资清单

1. 在下周的日程安排中选择 2~3 天，每天腾出 1 小时。在此期间，找一个安静、舒适的地方，确保关闭所有电子设备，让身体得到充分休息，没有饥饿感，然后集中你的注意力。

2. 拿出一张纸，纵向分成 3 列，横向分成 10 行。

3. 在第一列上写下到目前为止你接受的所有教育。你可以从高中、大学或职业教育开始。添加所有研究生课程、在线课程、现场工作培训或自学项目。在这里不必谦虚，不是获得正式的学位或证书才算教育。如果你写不满 10 项也没关系，尤其是在这一列。

4. 在第二列上写下你的所有技能。这些范围从专业知识到天赋再到自学成才的能力。不要忘记你通过社交媒体学到的一切。你是内容创作者吗？爱好呢？再一次给自己鼓励。人们经常说你擅长什么？

5. 在最后一列上写下重要的人际关系，包括家人、朋友、工作伙伴，甚至熟人。列出对你生活有重大影响的 10 个人。这是你的社交圈子。

6. 现在一起仔细阅读这 3 列，这是你的非货币投资的总和。你创造的是你的非货币财富的清单。通常，我们太沉迷于净资产计算，以至于忘记了我们的非货币资产。

7. 如果你将非货币财富清单添加到你的净资产计算中，你现在拥有了所有资源的真实列表。这些是否足以让你利用大部分时间追求你的真正目标、身份和社会联系？如果是这样，那么你就迎来了财务自由！

结语　什么是"死亡"

我记得我女儿小时候第一次使用"死"这个字时的情景。

"我死了，人们会踩着我走吗？"

在 4 岁的时候，她就知道死者是会被埋在地下的。更多的问题紧随其后。她想，如果有一天她同学的爷爷奶奶没有来接那个同学放学，那他的爷爷奶奶一定已经去世了。如果有人去度假一个星期，她也会产生同样的想法，认为那个人已经死了。

她的陈述并不复杂，但直率得令人吃惊。她不受成人思想复杂性的束缚，可以不受阻碍地自由探索。她的声音里没有遗憾或尴尬。我和她的对话没有恐惧和焦虑，而这种恐惧和焦虑常常笼罩着成年人之间的对话。她只是出于好奇。

"在你们怀上我之前，我是死了的吗？"

在某些方面，我女儿对死亡的迷恋并没有随着年龄的增长而发展。她已经失去了纯真，因为她已经超越了表层，开始思考更深层次的意义。

"我们的灵魂会怎样?"

"爱的痛苦让我们心碎,它就这样消失了吗?"

我告诉她我不知道。我无数次无助地看着生命溜走,但我仍然不知道这些问题的答案。我既与死亡作斗争,又谦卑地迎接它的怜悯。我走过它的道路,并试图在每一个转弯处转向。我不再将死亡视为朋友或敌人,而视为一个正在耐心等待的平静存在。

就像我的女儿一样,我们都只是孩子。在茫茫的生命海洋中飘摇,我们的想法会转变,但我们无法控制潮汐转变的方向。女儿的声音让我想起多年前在她安静房间里的小床上的对话:"爸爸,死了是什么感觉?"

我把她拉近,紧紧地抱着她:"我亲爱的孩子,我还在思考活着是什么感觉。"

* * *

我们不太擅长讨论"死亡"。尽管我整个职业生涯都在学习如何帮助人们应对死亡到来前的身体症状和情感负担,但我还是要说,我不擅长讨论死亡。把这句话听进去吧。就像我们谈论金钱的话题一样,我们避免讨论死亡,直到我们不得不真正直面这些话题,直到我们被诊断出患有绝症或被迫陷入经济困境。我们在沉默中受苦,因为这些话题是禁忌。我们担心,讨论可能会加速它们的到来,不然就会对结果产生不利影响。

恐惧是让我们把金钱和死亡处理得如此糟糕的驱动因素。然而，正如我和女儿的讨论如此简明扼要指出的那样，如果我们想学习如何更好地死去，我们必须学会如何活着。如果我们想学习如何活得更好，我们必须知道金钱在我们的生活中意味着什么以及如何定义"足够"这一类的难题。

临终患者背负着绝症和有限的时间，而且经常被迫回顾自己的人生，对他们而言，要么迅速改变，要么接受已经发生的一切，无论好坏。当事情进展顺利，梦想得到满足，关系得到修复时，我们庆祝"机械降神"。

我写这本书是为了让你摆脱戏剧性情节转折的必然性。如果我们现在能从临终患者身上吸取教训，更快地把我们的事务整理好，那会怎样？马斯洛可能称之为"自我实现"。幸福研究人员更喜欢"情绪健康"和"人生评估"。

我期望用我们的人生来追求我们自己独特的目标、身份和社会联系。这些概念都有相似的意义。

为了在还有时间的时候把我们的事务整理好，我们需要把金钱与幸福分开，把马斯洛金字塔拉平。我相信，我们可以同时实现金字塔的所有层级。追求财务安全没必要延迟我们作为个体想做的一些最深刻和最重要的工作。临终患者可以帮助我们完成这个艰难的过程。他们可以启发我们，告诉我们如何在为时已晚之前做出改变。

在本书的第一部分，我重点讨论了金融专家对生与死的误解。我通过老康纳和查理的故事说明，我们对"足够"的概念往往是扭曲的。我们应该在争取经济富足和自我实现方面同时努力。我们还必须认识到"享乐跑步机"和"超速运转"的危险。通常，当涉及财务问题时，我们的轮子在旋转，但我们哪儿也去不了。

金钱只能在有限的程度上带来幸福。有无数的研究表明，在达到一定的收入或财富水平后，我们的幸福感不再增加。但这并不意味着我们应该放弃所有承担财务责任方面的努力，而是将其视为相互关联的拼图中的一部分。我们的财务目标不是一个终点，而是一个杠杆，帮助我们努力攀登，朝着有意义的目标持续前进。

通常，只有当我们参与临终安养院类似的人生复盘过程时，我们才会逐渐理解"足够"的真正含义。但是，我们为什么要等到临终前呢？没有哪一刻比得上当下了。

人生复盘过程帮助我们看穿金钱筑造的海市蜃楼和其他虚假的经济目标。我们需要彻底改变我们定义"工作""就业""退休"等术语的方式。只有在我们摆脱了"财迷心窍"思维，即摆脱了崇拜财富所诱发的恍惚状态，我们才能识别我们个人独特的目标、身份和社会联系。

有了这些知识，我们就可以熟练运用"做减法的艺术"去平衡"延迟满足"和"人只活一次"之间的竞争需求。尽管生活为我们提供了改写故事和拥抱第二次机遇的机会，但如果在生活中不敬畏当下的紧迫性，甚至有时不以为然，那将是一场悲剧。

在第二部分，我探讨了三兄弟的寓言故事。这个寓言故事是一种辅助，而不是一个步骤指南。一旦有了什么对我们来说是"足够"的强烈意识，我们仍然需要了解如何创造经济燃料来推动我们的旅程。的确，有很多道路，很多通往财务自由的途径。无论你觉得与哪个兄弟的经历最有共鸣，他们的模板都提供了一条前进的道路：前期吃重、被动收入或激情人生。我们都必须建立自己的永续赚钱机器，这样我们才能利用我们的时间和精力去追求更重要的事情。

你可以决定你想成为哪个兄弟。随着时间的推移，你也可以改变主意。这个过程不仅可以帮助你整理自己的财务状况，还可以帮助你与亲人进行关于金钱这个困难话题的沟通。

在本书的最后一部分，我探讨了时间的转瞬即逝。我们不能将时间商品化，但我们可以将我们选择用来填充时间的活动商品化。我们还可以使用时间感知技巧来充分利用这短暂的一生。因为时间不等人，我们必须成为投资自己的专家，而这远远超出我们用钱做的事情，不仅是为了我们在临终前不会后悔，也是为了让我们可以享受我们的劳动成果：我们的工作、教育、朋友、孩子和身心健康。

虽然从这本书中提到的故事来看，临终患者似乎充满了悔恨和遗憾，但我也有幸见证了许多平静而鼓舞人心的死亡。这些故事有助于启发我们解决这些问题，并帮助我们在被诊断出患有绝症之前有意识地主动采取行动。

多年来，罗纳德在我的办公室里进进出出，仿佛他对这个世界毫不在意。但他是一个大家族的族长，有几个孩子和几个孙子孙女。他是一位成功的企业主，通过他的五金连锁店创造了足够的财富以为未来的几代人提供金钱支持。他是社区中备受尊敬的居民，不仅愿意把钱，还愿意把时间花在任何最需要帮助的事业上。

因此，那次他的到来让我非常惊讶，但还是欢迎他进入我的办公室，那是我们最后一次谈话。他瘦了很多，脸色苍白、憔悴。看着他的样子，凭我多年来行医和为老年人与体弱者提供咨询的经验，我立刻意识到，他离死亡近在咫尺。

CT 扫描和血液检查显示转移性胰腺癌已经扩散到他的腹腔。当几代家庭成员哭泣和哀叹时，面对死亡，罗纳德保持着他特有的谦卑和体面。

不需要躺在医院病床，没有化疗，没有静脉注射和手术，也没有经济困扰。他会在家里安静地死去，被家人和朋友的爱所包围。

几周后，他去世了。而在那几天前，我上门拜访。他的家人和看护人忙乱地在他的卧室里走来走去，他靠在躺椅上。

他很平静。

在虚弱的时刻，我一反常态地注意到他的平静和安详。我犹豫着走向前问道："我见过很多人死去。你怎么会这么坦然地面对死亡？"

他缓缓地抬起头，嘴角缓缓露出一丝笑意。"死亡？死亡是件容易的事。"

确实如此。因为他体会过痛苦、爱、后悔和谦卑。他见到过我们在攀登过程中都在努力应对的艰难险阻，并建立了一个充满目标、身份和社会联系的生活。罗纳德已经认识到并得到了"足够"。

愿你在人生中能找到像罗纳德在面对死亡时一样的平静。

我希望本书在你质疑金钱和财富在你生活中扮演的角色时能陪在你身边。多年来，我从照顾绝症患者中吸取了无数的教训。虽然一本书的内容太多了，但我把那些最触动我的东西放在一起，为我的生命增添了难以形容的价值。

选择权在你。无论你是已经实现了财务稳定，还是正在努力赚钱以维持收支平衡。我的希望是，我在照顾临终患者时学到的生活经验和我从财务自由中学到的金钱知识，都可以在今天、在当下帮助你，而不是在明天，不是在未来的某个时候，更不是在你躺在病床上等待死亡的时候。

本书的写作有一个特别之处。我不仅拥有足够的财富来选择哪些活动可以占用我的时间，还有幸享有在人们临终时了解他们人生的绝对特权。我热切希望将我收集到的知识传授给你。

我希望是今天而不是20年后才告诉你这些秘密，趁你还年轻健康的时候，立即改变。在为时已晚之前。

我不止一次说过，我们正在不断走向最终的死亡。我们从出生的那一天起就在走向死亡，这是一个无法否认或改变的事实。但是，让我留给你最后一个同样无法辩驳的事实：我们会一直活到死去的那一天。

所以，好好生活吧！

致谢

几乎所有之前写过书的熟人都提醒我，写一本书是非常具有挑战性的。经历呕心沥血和吞声忍泪之后，有很多值得我衷心感谢的人，因为他们提供了时间、努力和指导。

感谢格兰特·萨巴蒂埃，你从一开始就选择支持这本书。你花了很多时间讨论、阅读和重读我的手稿，把我的写作水平提升到今天的位置。如果没有你的帮助，我永远不会踏上这段旅程，也不会完成它。非常感激！爱你！

感谢乔·索尔－塞希，你是一位伟大的创意伙伴和朋友。你经常把我推到舒适地带，作品总是比开始时更好。你孜孜不倦的精力和创造力激励着我。

感谢 J. L. 柯林斯，你是一位了不起的朋友，并在 Zoom 上与我交流想法。我们的谈话对我来说意味着世界，就像你对个人理财世界的不可思议的贡献一样。

感谢维姬·罗宾，你每天都在激励我。你的序言让我为写这本书感到非常自豪。感谢你不仅关心个人理财世界，也关心人类。

感谢我的出版经纪人安娜·盖勒。谢谢你鼓动我，支持我，为我辩护，在我无法做到的时候发出理性的声音。你总是让我感到被完全支持和照顾。这远超过我对代理商的期望。

感谢才华横溢的莎拉·雷诺内，你将我对书的想法整理成一个连贯的书籍提纲和叙事。你把我的草稿当成一个长期博客，并帮助我了解如何将它们打造成这本书。没有你，我甚至永远无法开始。

感谢克莱尔·西拉夫和尤利西斯出版社（Ulysses Press）的整个团队，你们引导了我这位首次写作的作者，并给我展示了如何与出版社合作。我总是觉得这个团队既轻松又有吸引力。你们征求了我的意见，在必要时给出了宝贵的反馈。

感谢所有启发和教导我的个人理财博主、播客和内容创作者。我很自豪地称你们中的许多人为我的朋友：吉莉安·约翰斯鲁德、意外实现"财务自由，提早退休"的戴夫、查德·梅特纳、克里斯·马穆拉、布拉德·巴雷特、乔纳森·门多萨、宝拉·潘特、阿尔玛·卢格图、威廉·麦克维、克里·谢瓦利埃、比尔·扬特、艾尔曼·米多拉、格温·默茨、艾伦·多尼根、西蒙·潘恩、克里斯蒂·沈、布莱斯·梁、皮特·阿德尼、科迪·伯曼、道格·诺德曼、卡斯滕·杰斯克、吉姆·王、安迪·希尔、乍得"教练"卡森、M. K. 威廉姆斯、詹妮弗·马、戴安娜·梅里亚姆、特拉维斯·莎士比亚、J.D. 罗斯、斯蒂芬·鲍吉尔、大卫·鲍吉尔、"财务自由，提早退休"小组的莱夫·达琳医生、塔尼娅·海斯特、保罗·汤普森、珍·史密斯、"How To Money"网站的乔尔·拉斯加德和马特·阿尔特米克斯、卡尔和明迪·詹森、基尔斯滕和朱利安·桑德斯，感谢你们所有人的帮助。

感谢我一生的朋友特洛伊·福斯特、贾斯帕尔·辛格和斯蒂芬·杨。谢谢你们这些年来对我的包容。

感谢我的亲生父母和继父的不懈支持、教养之恩。我的大部分好习惯都是在我什么都不知道之前很久就学会了，这都要归功于我在儿时受到你们的耳濡目染。

感谢凯蒂、卡梅隆和莱拉。你们是我的心肝和精神支柱，我的白天和黑夜，我每天早上醒来的理由。而这本书分散了我对你们的注意力，我有时一根筋，谢谢你们的耐心。

关于本书的重要说明

本书的作者和出版社不向读者提供法律、财务、医疗或其他专业服务。本书内容不能代替具有专业知识认证/许可的专业人员的建议。身体健康、财务、商业、教育以及心理健康等方面相关事宜请咨询专业顾问。

作者和出版社对任何使用本书信息和遵循本书建议的读者所采取的治疗、行动、应用或制剂而造成的损失或负面后果不承担责任。

作者和出版社不对任何身体、心理、情感、财务或商业等方面的损害负责，包括但不限于对本书读者的特定损害、附带损害、间接损害或其他损害。

每一章的内容仅代表作者的个人观点和想法，与出版社无关。作者或出版社对本书中包含的任何内容均不做任何明示或暗示的保证或担保。

作者和出版社不对出版后发生的互联网地址和其他联系信息的更改承担任何责任。此外，出版社对作者或第三方网站及其内容没有任何控制权，也不承担任何责任。